中华人民共和国行业推荐性标准

公路工程基桩检测技术规程

Technical Specifications for Foundation Piles Testing of Highway Engineering

JTG/T 3512—2020

主编单位：浙江省交通工程管理中心
批准部门：中华人民共和国交通运输部
实施日期：2020 年 09 月 01 日

人民交通出版社股份有限公司

北 京

图书在版编目（CIP）数据

公路工程基桩检测技术规程 ：JTG/T 3512—2020 / 浙江省交通工程管理中心主编. — 北京 ：人民交通出版社股份有限公司，2020. 5

ISBN 978-7-114-16482-8

Ⅰ. ①公… Ⅱ. ①浙… Ⅲ. ①道路工程—路基工程—桩基础—检测—技术规范 Ⅳ. ①U416. 1-65

中国版本图书馆 CIP 数据核字（2020）第 066860 号

标准类型： 中华人民共和国行业推荐性标准
标准名称： 公路工程基桩检测技术规程
标准编号： JTG/T 3512—2020
主编单位： 浙江省交通工程管理中心
责任编辑： 李　沛
责任校对： 孙国靖　宋佳时
责任印制： 刘高彤
出版发行： 人民交通出版社股份有限公司
地　　址：（100011）北京市朝阳区安定门外外馆斜街 3 号
网　　址： http://www. ccpcl. com. cn
销售电话：（010）59757973
总 经 销： 人民交通出版社股份有限公司发行部
经　　销： 各地新华书店
印　　刷： 北京市密东印刷有限公司
开　　本： 880 × 1230　1/16
印　　张： 5. 75
字　　数： 149 千
版　　次： 2020 年 6 月　第 1 版
印　　次： 2024 年 4 月　第 5 次印刷
书　　号： ISBN 978-7-114-16482-8
定　　价： 60. 00 元
（有印刷、装订质量问题的图书，由本公司负责调换）

中华人民共和国交通运输部

公　　告

第30号

交通运输部关于发布《公路工程基桩检测技术规程》的公告

现发布《公路工程基桩检测技术规程》(JTG/T 3512—2020)，作为公路工程行业推荐性标准，自2020年9月1日起施行，原《公路工程基桩动测技术规程》(JTG/T F81-01—2004)同时废止。

《公路工程基桩检测技术规程》(JTG/T 3512—2020)的管理权和解释权归交通运输部，日常管理和解释工作由主编单位浙江省交通工程管理中心负责。

请各有关单位注意在实践中总结经验，及时将发现的问题和修改建议函告浙江省交通工程管理中心（地址：浙江省杭州市拱墅区湖墅南路186-1号，邮政编码：310005)，以便修订时研用。

特此公告。

中华人民共和国交通运输部

2020年5月12日

交通运输部办公厅　　2020年5月14日印发

前　言

根据交通运输部办公厅《关于下达2013年度公路工程行业标准制修订项目计划的通知》（厅公路字〔2013〕169号）的要求，由浙江省交通工程管理中心（原浙江省交通运输厅工程质量监督局）作为主编单位，承担对《公路工程基桩动测技术规程》（JTG/T F81-01—2004）（以下简称“原规程”）的修订工作。

本次修订工作是对原规程的全面修订。经批准颁发后以《公路工程基桩检测技术规程》（JTG/T 3512—2020）（以下简称“本规程”）实施。

本规程的修订主要结合国内已有相关基桩检测方面成熟的经验，兼顾地质区域分布，规定基桩检测的使用条件和适用范围，并适当考虑国内公路工程基桩检测中采用的新方法、新技术，遵循可操作性、协调性、针对性和先进性的原则。

本规程保留原有的检测方法，并增加成孔质量检测、基桩静载试验和钻孔取芯法，以提高对公路工程基桩施工质量的控制水平。

修订后的规程分11章和4个附录。主要对原规程进行补充和完善，对结构进行调整，调整后的结构按照成孔质量检测、静载试验（竖向抗压、竖向抗拔、水平静载）、低应变反射波法、高应变法、超声波法、钻孔取芯法进行先后排序。主要修订内容如下：

（1）对第1、2、3章进行修订，补充和完善相关内容。

（2）原规程第4、5、6章调整为第8、9、10章，并进行局部修订。低应变反射波法增加了依据频域信号特征对桩身完整性类别进行评判的标准；高应变法增加了不宜采用的桩型、试沉桩的规定、拟合法的拟合要求、CASE法的使用范围和桩身完整性的评判，对激振锤及导向装置的要求、现场应停止检测的具体情况和承载力分析计算时不得采用的信号类型；超声波法修订了声速数据处理方法及完整性类别评判依据。

（3）新增第4章成孔质量检测、第5章单桩竖向抗压静载试验、第6章单桩竖向抗拔静载试验、第7章单桩水平静载试验、第11章钻孔取芯法。

本规程由李志胜负责起草第1章和附录，宣剑裕、刘静负责起草第2章，周建强负责起草第3章，王陶负责起草第4章，石振明负责起草第5章，廖乾旭负责起草第6章，成玉柱负责起草第7章，赵竹占负责起草第8章，赵春风负责起草第9章，管钧负责起草第10章，楼云负责起草第11章，条文说明由相应章节参编人员负责起草。

请各有关单位在执行过程中，将发现的问题和意见，函告本规程日常管理组，联系人：楼云（地址：浙江省杭州市拱墅区湖墅南路186-1号，邮编：310005；电话：0571-83789629，传真：0571-83789610；电子邮箱：zhejiangjiance@163.com），以便下次修订时参考。

主编单位： 浙江省交通工程管理中心

参编单位： 交通运输部公路科学研究院
同济大学
浙江省交通规划设计研究院有限公司
北京智博联科技有限公司
浙江省地球物理技术应用研究所

主编： 李志胜

主要参编人员： 宣剑裕　周建强　楼　云　王　陶　成玉柱　石振明
赵春风　管　钧　赵竹占　刘　静　廖乾旭

主审： 朱光裕

参与审查人员： 卞钧霈　冯忠居　侯　旭　黄福伟　刘亚楼　卢建平
石大为　王开波　徐建红　张　宏　张　征　朱英朝
赵荣欣

参加人员： 陈允法　龚一朋　吕聪儒　何玉珊　胡建福　徐建勇
蔡伟忠

目　次

1　总则

1.0.1　为规范公路工程基桩质量检测，统一检测方法及技术规定，遵循技术先进、安全适用、经济合理、评价正确的原则，制定本规程。

1.0.2　本规程适用于公路工程基桩承载力、桩身完整性及成孔质量检测。

条文说明

本规程中的基桩是指混凝土灌注桩、预制桩、钢桩及其他类型的刚性桩。

1.0.3　基桩检测方法应综合考虑地质条件、桩型、施工工艺等因素选定。

1.0.4　基桩检测除应符合本规程的规定外，尚应符合国家和行业现行有关标准的规定。

2 术语和符号

2.1 术语

2.1.1 基桩 foundation pile

桩基础中的单桩。

2.1.2 沉淀 sediment

基桩成孔后，淤积于桩孔底部的非原状物。

2.1.3 桩身完整性 pile integrity

反映桩身长度和截面尺寸相对变化、桩身材料密实性和连续性综合状况的定性指标。

2.1.4 桩身缺陷 pile defects

桩身断裂、裂缝、缩颈、夹泥、离析、蜂窝、松散等质量问题的统称。

2.1.5 静载试验 static loading test

在桩顶部逐级施加竖向压力、竖向上拔力或水平推力，实测被检桩随时间产生的沉降、上拔位移或水平位移，以确定相应的单桩竖向抗压承载力、单桩竖向抗拔承载力或单桩水平承载力的试验方法。

2.1.6 低应变反射波法 low strain reflected wave method

在桩顶施加低能量冲击荷载，实测被检桩加速度（或速度）响应时程曲线，运用一维线弹性波动理论的时域和频域分析，对被检桩的桩身完整性进行评判的检测方法。

2.1.7 高应变法 high strain dynamic method

在桩顶施加高能量冲击荷载，实测被检桩力和速度信号，运用波动理论反演评判被检桩的轴向抗压承载力和桩身完整性的检测方法。该方法也可用于选择桩型和桩端持力层，监控沉桩过程。

2.1.8 超声波法 ultrasonic logging method

在桩身混凝土内发射并接收超声波，实测超声波在混凝土介质中传播的声时、波幅和频率等参数的相对变化，对被检桩的桩身完整性进行评判的检测方法。

2.1.9 钻孔取芯法 core drilling method

用钻机钻取芯样，对被检桩的桩长、桩身缺陷及其位置、桩底沉淀厚度以及桩身混凝土抗压强度、桩端岩土性状进行评判的检测方法。

2.2 符号

A——桩身截面面积；

A_D——波幅临界值；

A_m——波幅平均值；

c——波速；

E——桩身材料弹性模量；

E_n——桩所获得的实际锤击能量；

F——桩身实测锤击力；

f_{cc}——混凝土芯样试件抗压强度；

Δf——幅频曲线上桩端相邻谐振峰间的频差；

Δf_x——幅频曲线上对应于缺陷的相邻谐振峰间的频差；

H_0——单桩水平静载试验中作用于桩身的水平力；

h——两个接收换能器间的距离；

h_i——第 i 段测点距；

I——恒定电流源电流；

J_c——凯斯法阻尼系数；

K——桩孔倾斜度；

l——两根声测管外壁间的距离；

P——芯样试件抗压试验测得的极限荷载；

R_s——凯斯法计算获得的单桩竖向抗压承载力；

ΔR——缺陷以上部位土阻力的估计值；

ΔV——信号电位差；

v——高应变法中桩身实测质点运动速度；

$v(t_1)$——高应变法中 t_1 时刻的桩身实测质点运动速度；

Y_0——单桩水平静载试验中力作用点的水平位移；

Z——桩身截面力学阻抗；

β——高应变法中桩身完整性系数；

θ_i——第 i 测点实测顶角；

ρ——桩身材料密度；

σ_p——桩身最大锤击压应力；

σ_s——钢筋应力；

σ_t——桩身最大锤击拉应力；

ϕ——测斜探头或扶正器外径。

3 基本规定

3.1 检测方法

3.1.1 基桩检测方法应按表3.1.1规定的检测目的及内容确定。

表3.1.1 检测方法一览表

检 测 方 法		检测目的及内容
成孔质量检测		检测混凝土灌注桩成孔的孔径、孔深、桩孔倾斜度及沉淀厚度
单桩竖向抗压静载试验		确定单桩竖向抗压极限承载力； 评判竖向抗压承载力是否满足设计要求； 通过桩身内力测试，测定桩侧及桩端阻力
单桩竖向抗拔静载试验		确定单桩竖向抗拔极限承载力； 评判竖向抗拔承载力是否满足设计要求； 通过桩身内力测试，测定抗拔桩的桩侧阻力
单桩水平静载试验		确定单桩水平临界荷载和极限承载力，推定土抗力参数； 评判水平承载力或水平位移是否满足设计要求； 通过桩身内力测试，测定桩身弯矩
低应变反射波法		检测桩身缺陷及位置，评判桩身完整性类别
高应变法		分析桩侧和桩端土阻力，推算单桩轴向抗压极限承载力； 检测桩身缺陷及位置，评判桩身完整性类别； 沉桩过程监控
超声波法	透射法	检测灌注桩中声测管之间混凝土的均匀性和桩身缺陷及位置，评判桩身完整性类别
	折射法	检测灌注桩钻芯孔周围混凝土的均匀性和桩身缺陷及位置，辅助评判桩身完整性类别
钻孔取芯法		检测灌注桩桩长、桩身混凝土强度、桩底沉淀厚度、桩身缺陷及位置，评判桩身完整性类别； 评判桩端持力层岩土性状

3.1.2 根据不同检测对象和检测要求，当采用一种检测方法对桩身完整性类别评判有疑问时，应选用其他不同的测试方法进行综合评判。

3.1.3 为设计提供依据的承载力检测，应采用静载试验。

3）孔径检测自孔底向孔口连续进行，测点距不宜大于500mm，在孔径检测可疑测点周围，应加密测点进行复测，进一步确定桩径变化位置及范围。

4）检测过程中探头应匀速提升，速度不应大于10m/min，孔径变化较大处，应降低探头提升速度。

5）检测结束时，测量探头与成孔中心位置偏差，大于起始偏差5mm时应重新进行检测。

2 采用超声波法桩孔测量仪器进行孔径检测时应符合下列规定：

1）测量应在清孔完成后，且孔中泥浆气泡基本消散后进行。

2）超声波法检测时，孔内泥浆性能应满足施工规范要求的指标。

3）超声波法桩孔测量仪器安置于孔口上方，检测过程中应保持仪器位置固定，探头对准成孔中心，偏差值不宜大于10mm。

4）检测开始前应设定仪器参数，检查自动记录仪与探头的同步关系。

5）孔径检测连续进行，测点距不宜大于500mm。在孔径检测可疑测点周围，应加密测点进行复测，进一步确定桩径变化位置及范围。

6）检测中探头应匀速下沉，速度应不大于12m/min。

7）检测结束时，提升探头至孔口，测量探头与成孔中心位置偏差，大于起始偏差5mm时应重新进行检测。

8）超声波法孔径测量应正交二方向检测，并宜标明检测剖面与桥梁实际走向 x-x'、y-y'的方位关系。

条文说明

超声波法孔径测量采用正交二方向检测方式，便于获取两垂直方向弦长。对于单次测量只能获取一个方向弦长的，建议采用平面测量的方式标记出两相互垂直方向。

4.3.4 桩孔倾斜度测试应符合下列规定：

1 接触式测斜仪检测桩孔倾斜度，采用顶角测量方法，连续多点测量顶角及方位角，现场测试技术应符合本规程第4.3.3条第1款规定。

2 超声波法检测桩孔倾斜度，现场测试技术应符合本规程第4.3.3条第2款规定。

条文说明

桩孔倾斜度测试时，可在触底后根据吊索的张紧程度，稍稍提起一点探头，以避免探头触底偏斜造成不必要的倾斜度测量误差。

4.3.5 孔底沉淀厚度测试应在桩身混凝土灌注之前进行，通过测量实际成孔深度与钻进深度差值确定，沉淀厚度测量不应少于2次，取两次测量的平均值作为最终检测结果。

4.4 检测数据分析

4.4.1 接触式孔径仪的测量孔径计算应符合下列规定：

1 测量数据应记录设计孔径基准线、基准零线，并同步记录深度标记。

2 任一深度截面的孔径 d 应按式（4.4.1）计算：

$$d=\bar{d}+\frac{\Delta V\cdot k}{I} \tag{4.4.1}$$

式中：d——孔径（m）；

$\bar{d}$——桩孔起始孔径（m）；

k——仪器常数（m/Ω）；

ΔV——信号电位差（V）；

I——恒定电流源电流（A）。

4.4.2 超声波法桩孔测量仪器的测量孔径计算应符合下列规定：

1 测量数据应标记检测时间、设计孔径、检测方向及孔底深度；应记录任一深度截面的孔径。

2 超声波在泥浆介质中传播速度应按式（4.4.2-1）计算：

$$c=\frac{2(d_0-d')}{t_1+t_2} \tag{4.4.2-1}$$

式中：c——超声波在泥浆介质中传播的速度（m/s）；

d_0——标定间距（m）；

d'——两方向相反换能器的发射（接收）面之间的距离（m）；

t_1，t_2——对称探头的实测声时（s）。

3 任一深度截面的孔径 d 应按式（4.4.2-2）计算：

$$d=d'+\frac{c\cdot(t_1+t_2)}{2} \tag{4.4.2-2}$$

4 使用自动测量两互相垂直方向距离的超声波法桩孔测量仪器时，任一深度截面的孔径 d 应按式（4.4.2-3）计算：

$$d=\frac{\sqrt{(l_1+l_2)^2+(l_3-l_4)^2}}{2}+\frac{\sqrt{(l_1-l_2)^2+(l_3+l_4)^2}}{2} \tag{4.4.2-3}$$

式中：l_1，l_2，l_3，l_4——分别为探头中心距孔壁的距离，其中 1、2 与 3、4 互相垂直，如图 4.4.2 所示。

条文说明

本条桩孔直径计算方法假定桩孔为标准圆形，并将超声探头设定于标准圆心。如果探头与标准圆中心位置偏差过大，式（4.4.2-2）计算结果将成为标准圆的弦长，导致桩径误差。

对于可自动测量两互相垂直方向距离的超声波法桩孔测量仪器，式（4.4.2-3）计算结果同样基于桩孔为标准圆的假设。

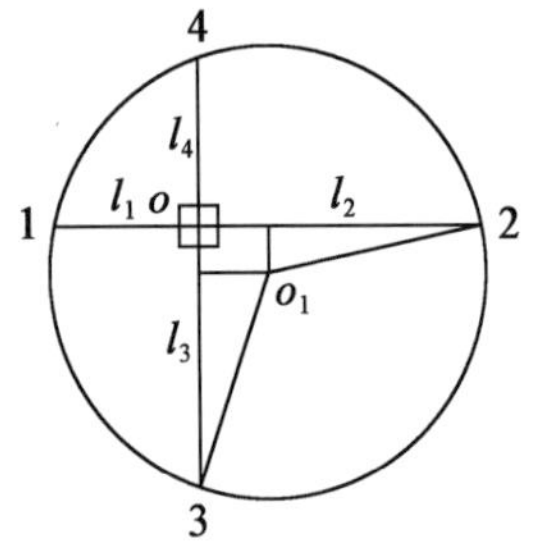

图 4.4.2　孔径计算示意图

4.4.3　接触式孔径仪的测量桩孔倾斜度，应按式（4.4.3-1）、式（4.4.3-2）计算：

$$K=\frac{\Delta e}{L}\times 100\% \tag{4.4.3-1}$$

$$\Delta e=\frac{d}{2}-\frac{\phi}{2}+\sum_{i=1}^{n}h_i\sin\left(\frac{\theta_i+\theta_{i-1}}{2}\right) \tag{4.4.3-2}$$

式中：K——桩孔倾斜度（%）；

Δe——桩孔偏心距（m）；

L——实测桩孔深度（m）；

ϕ——测斜探头或扶正器外径（m）；

h_i——第 i 段测点距（m）；

n——测点数；

θ_i——第 i 测点实测顶角（°）。

4.4.4　超声波法测量桩孔倾斜度，应按式（4.4.4-1）～式（4.4.4-3）计算：

$$K=\frac{\Delta e}{L}\times 100\% \tag{4.4.4-1}$$

$$\Delta e=e_1-e_0 \tag{4.4.4-2}$$

$$e_1=\frac{\sqrt{(l_1-l_2)^2+(l_3-l_4)^2}}{2} \tag{4.4.4-3}$$

式中：e_1——桩孔底面偏心距（m），如图 4.4.4 所示；

e_0——桩孔孔口偏心距（m）。

条文说明

本条桩孔倾斜度计算方法，同样将超声探头设定于孔口起始面的标准圆心。倾斜度计算只考虑孔口、孔底中心偏差，不同桩深截面中心偏差未计入。从式（4.4.4-3）可以看出，两个相互垂直方向的弦长的准确获取，是后续按几何方式计算出偏心距乃至倾斜度的关键。

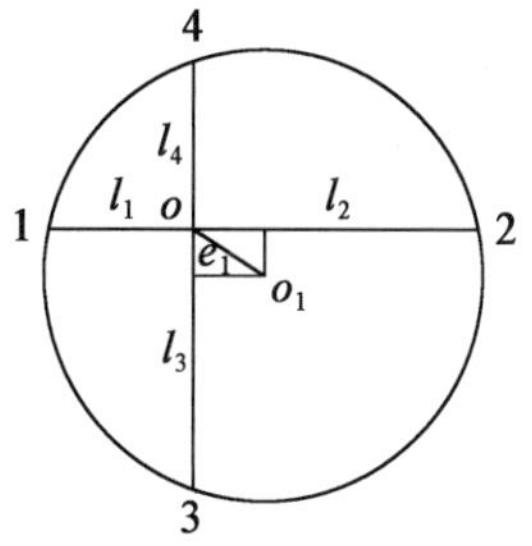

图 4.4.4　桩孔偏心距计算示意图

4.4.5　沉淀厚度 ΔL 应按式（4.4.5）计算：

$$\Delta L = L' - L \tag{4.4.5}$$

式中：ΔL——沉淀厚度（m）；

L'——实际钻进深度（m）。

4.4.6　检测报告除应符合本规程第 3.6 节的规定外，尚应包括下列内容：

1　按设计要求及相关标准评判成孔质量；

2　附图附表：包括孔位平面布置图、每桩孔的测试记录图和现场检测记录表及典型地质柱状图等。

5 单桩竖向抗压静载试验

5.1 一般规定

5.1.1 单桩竖向抗压静载试验适用于确定单桩竖向抗压承载力。

条文说明

单桩竖向抗压静载试验是检测基桩竖向抗压承载力直观、可靠的传统方法。本规程主要是针对我国公路工程中惯用的维持荷载法进行了技术规定。设计无特殊要求时，采用单循环加载试验。设计有特殊要求时，则按设计要求的加载试验，如循环荷载、等变形速率及恒载法等方法。

5.1.2 当测定桩周各土层侧摩阻力、端阻力或截面的沉降量时，可在桩身埋设测量桩身应变（应力）、桩底反力的测量传感器或位移测量杆。桩身内力测试宜按本规程附录A规定的方法执行。

5.1.3 对工程桩抽样检测和评价时，最大加载量宜采用承载力容许值的2.0倍或达到设计要求；检测数量应满足设计要求，不宜少于3根。

5.1.4 为设计提供依据的试验桩，应加载至桩侧与桩端的岩土阻力达到极限状态；当桩的承载力以桩身强度控制时，可按设计要求的加载量进行，试验桩数量应满足设计要求，且不应少于3根。

条文说明

本条明确规定为设计提供依据的静载试验应加载至桩的承载极限状态，即试验需进行到能判定单桩极限承载力为止。对于以桩身强度控制承载力的端承桩，当设计另有规定时，按设计规定。

5.1.5 竖向抗压静载试验应采用慢速维持荷载法。

条文说明

慢速维持荷载法在我国是沿用多年的标准试验方法。考虑到公路基桩的重要性与特殊性，竖向抗压静载试验全部采用慢速维持荷载法。当在水上试桩时，考虑到风浪、潮汐等对试桩的影响，通常按设计要求的方式确定静载试验的加载方式。

5.2 检测仪器设备

5.2.1 单桩竖向抗压静载试验检测仪器设备应包括加载装置、反力装置、荷载测量装置、变形测量装置等。

5.2.2 试验宜采用油压千斤顶加载。当采用两台及两台以上千斤顶加载时，应并联同步工作，并应符合下列规定：

1 采用的千斤顶型号、规格相同。

2 千斤顶的合力中心与反力装置的中心、被检桩的横截面的形心重合，并保证合力方向垂直。

5.2.3 加载反力装置可根据现场条件选择锚桩横梁反力装置、压重平台反力装置、锚桩压重联合反力装置，并应符合下列规定：

1 加载反力装置的承载能力不应小于最大加载量的 1.3 倍。

2 应对加载反力装置的全部构件进行强度和变形验算。

3 应对锚桩抗拔力以及抗力（含地基土、抗拔钢筋、桩的接头等）进行验算；采用工程桩作锚桩时，锚桩数量不宜少于 4 根，并应监测锚桩上拔量。

4 在压重平台反力装置中，应确保消除压重平台对试验的影响，压重宜在检测前一次加足，并均匀稳固地放置于平台上。

5 压重施加于地基的压应力不应大于地基承载力容许值的 1.5 倍，有条件时宜利用工程桩作为堆载支点。

条文说明

锚桩抗拔力由锚桩桩周岩土的性质和桩身材料强度决定，验算时分别计算桩周岩土的抗拔承载力和桩身材料的抗拔承载力，结果取小值。当工程桩作锚桩且设计对桩身有特殊要求的，需征求设计方的同意。

5.2.4 荷载测量可用放置在千斤顶上的荷重传感器直接测定，或采用并联于千斤顶油路的压力表或压力传感器测定油压，根据千斤顶与配套的压力表率定曲线换算荷载。荷重传感器的测量误差不应大于 1%，压力表精度应优于或等于 0.4 级。试验用压力表、油泵、油管在加载时的压力不应超过额定工作压力的 80%，且不应小于额定工作压力的 20%。

条文说明

用荷重传感器（直接方式）和油压表（间接方式）两种荷载测量方式的区别在于：前者采用荷重传感器测力，不需考虑千斤顶活塞摩擦对出力的影响；后者需通过率定换算千斤顶出力。同型号千斤顶在保养正常状态下，相同油压时的出力相对误差约为 1% ~2%，非正常时可高达 5%。采用传感器测量荷重或油压，容易实现加、卸荷与稳压自动化控制，且测量精度较高。采用压力表测定油压时，为保证测量精度，其精度等级应优于或等于 0.4 级。当油路工作压力较高时，有时出现油管爆裂、接头漏油、油泵加压不足造成千斤顶出力受限、压力表线性度变差等情况，一般选用耐压高、工作压力大和量程大的油管、油泵和压力表。

5.2.5 沉降测量宜采用位移传感器或大量程百分表，并应符合下列规定：

1 测量误差不应大于 0.1% FS，分辨率应优于或等于 0.01mm。

2 直径或边宽大于 500mm 的桩，应在其两个方向对称安装 4 个位移测试仪表，直径或边宽小于或等于 500mm 的桩可对称安置 2 个位移测试仪表。

3 沉降测定平面离桩顶距离不宜小于 200mm，测点应牢固地固定于桩身。

4 基准梁应具有足够的刚度，一端固定在基准桩上，另一端应简支于基准桩上。

5 检测设备及量测仪表应有遮挡设施，严禁日光直射基准梁；被检桩区域应不受冲击、振动等影响；基准桩应打入地面以下一定深度，确保在试验过程中不变形。

条文说明

对于机械式大量程（50mm）百分表，计量检定规程规定：全程示值误差和回程误差分别不超过 40μm 和 8μm，相当于满量程测量误差不大于 0.1% FS。基准梁应一端固定，另一端简支，这是为减少温度变化引起的基准梁挠曲变形。基准梁应采取有效遮挡措施，以减少温度变化和刮风、下雨的影响，尤其在昼夜温差较大且白天有阳光照射时更应注意。

5.2.6 被检桩、锚桩（锚杆、压重平台支墩边）和基准桩之间的中心距离应符合表 5.2.6规定。

表 5.2.6　被检桩、锚桩（锚杆、压重平台支墩边）和基准桩之间的中心距离

反力装置	被检桩中心与锚桩中心（或压重平台支墩边）的距离	被检桩中心与基准桩中心的距离	基准桩中心与锚桩中心（或压重平台支墩边）的距离
锚桩横梁	≥4（3）*D* 且 >2.0m	≥4（3）*D* 且 >2.0m	≥3*D* 且 >2.0m
压重平台	≥4（3）*D* 且 >2.0m	≥4（3）*D* 且 >2.0m	≥3*D* 且 >2.0m

注：1. *D* 为被检桩、锚桩的设计直径或边宽，取较大者。

2. 如被检桩或锚桩为扩底桩或多支盘桩时，被检桩与锚桩的中心距离不应小于 2 倍扩大端直径。

3. 括号内数值可用于工程桩抽样检测时多排桩设计桩中心距离小于 4*D* 的情况。

条文说明

在被检桩加、卸载过程中，荷载将通过锚桩（地锚）、压重平台支墩传至被检桩、基准桩周围地基土并使之变形。随着被检桩、基准桩和锚桩（或压重平台支墩）三者间相互距离缩小，地基土变形对试桩、基准桩的附加应力和变位影响加剧。

国际土力学与基础工程协会（ISSMFE，1985 年）提出了静载试验中被检桩中心到锚桩中心（或压重平台支墩边）和到基准桩各自间的距离应分别“不小于 2.5m 或 3*D*”，我国大部分现行规范规定“大于或等于 4*D* 且不小于 2.0m”。大型桥梁的大直径桩试验荷载大、每个承台下桩间净距小（最小中心距为 3*D*），往往受设备能力制约，采用锚桩法检测时，三者间的距离有时很难满足“大于或等于 4*D*”的要求，加长基准梁又很难避免受气候环境影响。考虑到现场验收试验中的困难，且加载过程中锚桩上拔对基准桩、被检桩的影响小于压重平台对它们的影响，故本规范中对部分间距的规定放宽为不小于 3*D*。

软土场地堆载重量较大时，需增加压重平台支墩边与基准桩中心和被检桩中心之间的距离，并在试验过程中观测基准桩的竖向位移。

5.2.7 被检桩桩顶应保持平整，露出地面的长度应满足设置量测仪表的要求。

5.3 现场检测技术

5.3.1 被检桩的桩型、地质条件、截面尺寸、桩长、成桩工艺和质量控制标准应与工程桩一致。

条文说明

本条是为使被检桩具有代表性而提出的。

5.3.2 陆上试桩时，桩顶部宜高出试坑底面，试坑底面宜与桩承台底高程一致。混凝土桩头加固宜符合本规程附录 B 的规定。水上试桩时，应搭设牢固试验平台，平台高程应考虑水位及风浪的影响，被检桩桩顶部应高出试验平台高程。

条文说明

陆上试桩时，为便于沉降测量仪表安装，被检桩顶部宜高出试坑底面；为使被检桩受力条件与设计条件相同，试坑底面宜与桩承台底高程一致。对于工程桩验收检测，当桩身荷载水平较低时，允许采用水泥砂浆将桩顶抹平的简单桩头处理方法。水上试桩由于条件恶劣，特别是易受到潮汐与波浪的作用，故需搭设牢固的试验平台，确保在安全的条件下进行试验。

5.3.3 试验前后应对被检桩及锚桩进行桩身完整性检测。

条文说明

本条主要是考虑在实际工程桩检测中，因锚桩质量问题而导致试桩失败或中途停顿的情况时有发生，为此要求在试桩前对灌注桩及有接头的混凝土预制桩进行完整性检测，以判断其能否作为锚桩使用。

5.3.4 试验加、卸载方式应符合下列规定：

1 加载应分级进行，采用逐级等量加载；分级荷载宜为最大加载量或预估极限承载力的 1/10 ~ 1/15，第一级可取分级荷载的 2 倍。

2 卸载应分级进行，采用逐级等量卸载；每级卸载量取加载时分级荷载的 2 倍。

3 加、卸载时应使荷载传递均匀、连续、无冲击，每级荷载在维持过程中的变化幅度不得超过分级荷载的 ±10%。

条文说明

本条是按我国的传统做法，对维持荷载法进行的原则性规定，与其他规范的规定也相协调。当加载至接近极限荷载时，为获得相对准确的极限荷载，可以按半级荷载加载。

5.3.5 慢速维持荷载法试验步骤应符合下列规定：

1 每级荷载施加后按第 5、15、30、45、60min 测读桩顶沉降量，以后每隔 30min 测读一次。

2 沉降相对稳定标准：每一小时内的桩顶沉降量不超过 0.1mm，并连续出现两次（从分级荷载施加后的第 30min 开始，按 1.5h 连续三次每 30min 的沉降观测值计算）。

3 当桩顶沉降达到相对稳定标准时，再施加下一级荷载。

4 卸载时，每级荷载维持 1h，分别按第 15、30、60min 量测桩顶的回弹量，即可卸下一级荷载。卸载至零后，维持时间不少于 3h。桩端为砂类土时，在开始 30min 内每 15min 测读一次；桩端为黏质土时，在开始 60min 内每 15min 测读一次，以后每隔 30min 测读一次桩顶残余沉降量。

5.3.6 当出现下列情况之一时，可终止加载：

1 被检桩在某级荷载作用下的沉降量大于前一级荷载沉降量的 5 倍，且桩顶总沉降量大于 40mm。

2 被检桩在某级荷载作用下的沉降量大于前一级的 2 倍且经 24h 尚未稳定，同时桩顶总沉降量大于 40mm。

3 荷载-沉降曲线呈缓变型时，可加载至桩顶总沉降量 60 ~ 80mm；当桩长超过

40m 或被检桩为钢桩时，宜考虑桩身压缩变形，可加载至桩顶总沉降量超过 80mm。

4 工程桩验收时，荷载已达到承载力容许值的 2.0 倍或设计要求的最大加载量且沉降达到稳定。

5 桩身出现明显破坏现象。

6 当工程桩作锚桩时，锚桩上拔量已达到允许值。

条文说明

当桩身存在水平整合型缝隙、桩端有沉淀或掉角时，在较低竖向荷载时常出现本级荷载沉降超过上一级荷载对应沉降 5 倍的陡降，当缝隙闭合或桩端与硬持力层接触后，随着持载时间或荷载增加，变形梯度逐渐变缓；当桩身强度不足桩被压断时，也会出现陡降，但与前相反，随着沉降增加，荷载不能维持甚至大幅降低。所以，出现陡降后不能立即卸荷，需使桩下沉量超过 40mm，以便分析造成陡降的原因。

5.3.7 检测数据宜按本规程附录 C 的格式记录。

5.3.8 测试桩端阻力和桩侧阻力时，测试数据的测读时间宜符合本规程第 5.3.5 条的规定。

5.4 检测数据分析与评判

5.4.1 检测数据的整理应符合下列规定：

1 确定单桩竖向抗压承载力时，应绘制竖向荷载-沉降（Q-s）、沉降-时间对数（s-lg$t$）曲线，需要时也可绘制其他辅助分析所需曲线。

2 当进行桩身应变（应力）、变形和桩底反力测定时，应整理出有关数据的记录表，并按本规程附录 B 绘制桩身轴力分布图，计算不同土层的分层侧摩阻力和端阻力值。

条文说明

除 Q-s、s-lg$t$ 曲线外，还有 s-lg$Q$ 曲线。同一工程的一批被检曲线应按相同的沉降纵坐标比例绘制，满刻度沉降值不宜小于 40mm，使结果直观、便于比较。

5.4.2 单桩竖向抗压极限承载力可按下列方法综合分析确定：

1 根据沉降随荷载变化的特征确定：对于陡降型 Q-s 曲线，取其发生明显陡降的起始点对应的荷载值。

2 根据沉降随时间变化的特征确定：取 s-lg$t$ 曲线尾部出现明显向下弯曲的前一级荷载值。

3 出现本规程第 5.3.6 条第 2 款情况，取前一级荷载值。

4　符合本规程第 5.3.6 条第 4 款情况，取本级荷载值。

5　对于缓变型 Q-s 曲线可根据沉降量确定，宜取 $s=40$mm 对应的荷载；对于钢管桩和桩长大于 40m 的混凝土桩，宜考虑桩身弹性压缩量；对直径大于或等于 800mm 的灌注桩或闭口桩，可取 $s=0.05D$ 对应的荷载值（D 为桩端全断面直径）。

条文说明

对缓变型 Q-s 曲线，按 $s=0.05D$ 确定直径大于或等于 800mm 桩的极限承载力大体是保守的；且因 $D\geqslant800$mm 时定义为大直径桩，当 $D=800$mm 时，$0.05D=40$mm，正好与中、小直径桩的取值标准衔接。应该注意，世界各国按桩顶总沉降确定极限承载力的规定差别较大，这和各国安全系数的取值大小，特别是土体结构对基桩沉降的要求有关。因此当按本规程建议的桩顶沉降量确定极限承载力时，尚应考虑土体结构对基桩沉降的影响。

5.4.3　当为设计提供依据时，单桩竖向抗压极限承载力统计值的确定应符合下列规定：

1　参加统计的试桩结果，当满足其极差不超过平均值的 30% 时，应取其平均值作为单桩竖向抗压极限承载力的统计值。

2　当极差超过平均值的 30% 时，应分析极差过大的原因，结合工程具体情况综合确定，必要时可增加试桩数量。

3　桩数为 3 根或 3 根以下独立承台的基桩，应取低值。

5.4.4　单位工程同一条件的单桩竖向抗压容许承载力应按单桩竖向抗压极限承载力统计值的一半取值。

5.4.5　当 Q-s 曲线的形态出现异常时，应根据桩身完整性检测结果和静载试验结果并结合地质条件，对被检桩的桩身质量和承载力进行综合分析评价。当证实桩身存在缺陷时，应在检测报告中明确指出。

5.4.6　检测报告除应符合本规程第 3.6 节的规定外，尚应包括下列内容：

1　被检桩桩位对应的地质钻孔柱状图；

2　被检桩及锚桩的尺寸、材料强度、锚桩数量、配筋情况；

3　加载反力装置种类。堆载法应提供堆载重量，锚桩法应有反力梁布置平面图；

4　加、卸载方法，荷载分级表；

5　单桩竖向抗压承载力确定的依据；

6　进行分层摩阻力测试时，传感器类型、安装的位置、轴力计算方法、各级荷载下桩身轴力变化曲线，各土层的桩侧摩阻力和桩端阻力等；

7　被检桩为灌注桩时，宜提供被检桩成孔检测结果；为设计提供依据的试验桩，应提供成孔质量检测结果。

6 单桩竖向抗拔静载试验

6.1 一般规定

6.1.1 单桩竖向抗拔静载试验适用于确定单桩竖向抗拔承载力。

条文说明

单桩竖向抗拔静载试验是检测单桩竖向抗拔承载力直观、可靠的方法。

6.1.2 当埋设有桩身应变（应力）测量传感器时或设有位移测量杆时，可直接测量桩侧抗拔摩阻力或桩端上拔量。

6.1.3 对抽样检测的工程桩，应按设计要求确定最大加载量，检测数量应满足设计要求，不宜少于3根。

6.1.4 为设计提供依据的试验桩应加载至桩侧土破坏或桩身结构破坏，试验桩数量应满足设计要求，且不应少于3根。

6.1.5 单桩竖向抗拔静载试验应采用慢速维持荷载法。

6.2 检测仪器设备

6.2.1 抗拔试验检测仪器设备应包括加载装置、反力装置、荷载测量装置、变形测量装置等。

6.2.2 加载装置宜采用油压千斤顶，技术要求应符合本规程第5.2.2条的有关规定。

条文说明

本条的要求基本同本规程第5.2.2条。因拔桩试验时千斤顶安放在反力架上面，当采用两台以上千斤顶加载时，需采取一定的安全措施，防止千斤顶倾倒或其他意外事故发生。

6.2.3 抗拔试验宜采用反力桩（或工程桩）提供反力，也可根据现场情况采用天然地基提供反力。反力装置所能提供的承载能力应不小于最大抗拔加载量的1.3倍，并应符合下列规定：

1 采用反力桩（或工程桩）提供反力时，反力桩顶面应平整并具有足够的强度。

2 采用天然地基提供反力时，施加于地基的压应力不应超过地基承载力容许值的1.5倍。

条文说明

当采用天然地基作反力时，拔桩试验加载相当于给支座处地面加载，支墩附近的地面会出现不同程度的沉降，荷载越大，这种变形越明显，因此两边支墩处的地基强度需相近，且两边支墩与地面的接触面积基本相同，避免加载过程中两边沉降不均造成被检桩偏心受拉。为保证反力梁的稳定性，要注意反力桩顶面直径（或边长）不小于反力架的梁宽。为防止支墩处地基沉降对基准梁的影响，基准桩与支墩之间需保持足够的距离（表5.2.6），同时基准桩需打入试坑地面以下一定深度，保证在试验过程中基准桩不变形（一般不小于1m）。

6.2.4 荷载测量、桩顶上拔量测量及其仪器的技术要求应符合本规程第5.2.4条、第5.2.5条的有关规定。

条文说明

桩顶上拔量测量平面需在桩身位置，不能在混凝土桩的受拉钢筋上设置位移观测点，避免因钢筋变形导致上拔量观测数据失实。上拔量的测试要求同竖向抗压静载试验的沉降测量要求。

6.2.5 被检桩、反力桩（或支墩）和基准桩之间的中心距离应符合本规程表5.2.6的规定。

6.2.6 当需要测试桩的抗拔桩侧摩阻力或桩端上拔位移时，桩身内埋设传感器或位移杆宜按本规程附录A执行。

6.3 现场检测技术

6.3.1 对混凝土灌注桩、有接头的预制桩，宜在拔桩试验前采用低应变法和跨孔超声透射法检测受检桩的桩身完整性。为设计提供依据的抗拔灌注桩，施工时应进行成孔质量检测，桩身中、下部位出现明显扩径的桩，不宜作为抗拔试验桩；对有接头的预制桩，应复核接头强度。

条文说明

本条包括以下5个方面内容：

（1）在拔桩试验前，对混凝土灌注桩及有接头的预制桩采用低应变法和跨孔超声透射法检测桩身质量，目的是防止因试验桩自身质量问题而影响抗拔试验成果。

（2）对抗拔试验的钻孔灌注桩在浇筑混凝土前进行成孔质量检测，目的是查明桩身有无明显扩径现象或出现扩大头，因这类桩的抗拔承载力缺乏代表性，特别是扩大头桩及桩身中、下部有明显扩径的桩，其抗拔极限承载力远远高于长度和桩径相同的非扩径桩，且相同荷载下的上拔量也有明显差别。

（3）对有接头的预制桩应进行接头抗拉强度验算。对电焊接头的管桩除验算其主筋强度外，还要考虑主筋墩头的折减系数以及管节端板偏心受拉时的强度及稳定性。墩头折减系数可按有关规范取0.92，而端板强度的验算则比较复杂，可按经验取一个较为安全的系数。

（4）对管桩抗拔试验，存在预应力钢棒连接的问题，可通过在桩管中放置一定长度的钢筋笼并浇筑混凝土来解决。

（5）若使用基准桩作为反力装置，为尽量减少由于桩头表面不平整而产生的应力集中，应在预制或现浇混凝土基准桩的顶部设置刚性支撑垫，并在桩头和支撑垫之间注浆。要求注浆快干并且无收缩性，注浆层厚度小于6mm，并且其压缩强度比基准桩高。

6.3.2 单桩竖向抗拔试验的加、卸载分级，试验方法及稳定标准应符合本规程第5.3.4条、第5.3.5条的有关规定。

6.3.3 当出现下列情况之一时，可终止加载：

1 在某级荷载作用下，桩顶上拔量大于前一级上拔荷载作用下上拔量的5倍。

2 按桩顶上拔量控制时，累计桩顶上拔量超过100mm。

3 按钢筋抗拉强度控制时，桩顶上拔荷载达到受拉钢筋抗拉强度设计值。

4 对验收抽样检测的工程桩，达到设计要求的最大上拔荷载或最大上拔位移。

条文说明

本条规定出现所列四种情况之一时，可终止加载。但若在较小荷载下出现某级荷载的桩顶上拔量大于前一级荷载下的5倍时，需综合分析原因，再决定是否继续加载。若是为设计提供依据的试验桩，必要时可继续加载；当桩身出现多条环向裂缝后，混凝土桩桩顶位移可能会出现小的突变，此时并非达到桩侧土的极限抗拔力。

6.3.4 测试桩的抗拔侧摩阻力或桩端上拔位移时，数据的测读时间应符合本规程第

5.3.5 条的规定。

6.3.5 检测数据宜按本规程附录 C 的格式记录。

6.4 检测数据分析与评判

6.4.1 检测数据整理应绘制上拔荷载-桩顶上拔量（U-δ）关系曲线和桩顶上拔量-时间对数（δ-lg$t$）关系曲线，必要时可绘制其他辅助分析曲线。

条文说明

拔桩试验与压桩试验一样，一般应绘制 U-δ 曲线和 δ-lg$t$ 曲线，但当上述两种曲线难以判别时，也可以辅以 δ-lg$U$ 曲线或 lg$U$-lgδ 曲线，以确定拐点位置。

6.4.2 单桩竖向抗拔极限承载力应按下列方法综合分析确定：

1 根据上拔量随荷载变化的特征确定：对陡升型 U-δ 曲线，取陡升起始点对应的荷载值。

2 根据上拔量随时间变化的特征确定：取 δ-lg$t$ 曲线斜率明显变陡或曲线尾部明显向上弯曲的前一级荷载值。

3 当在某级荷载下抗拔钢筋断裂时，取其前一级荷载值。

4 对抽样检测的工程桩在最大加载量下，未出现以上三款情况，且桩顶上拔量达到相对稳定标准时，可取最大加载量。

条文说明

按本条前三款确定的单桩竖向抗拔承载力检测值即为单桩竖向抗拔极限承载力。本条前两款确定的抗拔极限承载力是土的极限抗拔阻力与桩（包括桩向上运动所带动的土体）的自重两部分之和。第三款所指的“断裂”是因钢筋强度不够导致的断裂，如果因抗拔钢筋受力不均匀，造成部分钢筋因受力太大而断裂，那么该抗拔试验无效并进行补充试验，不能将钢筋断裂前一级荷载作为极限荷载。

6.4.3 单桩竖向抗拔极限承载力统计值的确定应符合本规程第 5.4.3 条的规定。

6.4.4 单位工程同一条件下的单桩竖向抗拔承载力容许值应按单桩竖向抗拔极限承载力统计值的一半取值。

6.4.5 当工程桩不允许带裂缝工作时，应取桩身开裂前一级荷载作为单桩竖向抗拔承载力容许值，并与本规程第 6.4.4 条确定的承载力容许值相比取小值。

6.4.6 检测报告除应符合本规程第3.6节的规定外，尚应包括下列内容：

1 被检桩桩位对应的地质钻孔柱状图；

2 被检桩尺寸及配筋情况；

3 加、卸载方法，荷载分级表；

4 单桩竖向抗拔承载力确定的依据；

5 进行分层摩阻力测试时，传感器类型、安装的位置、轴力计算方法、各级荷载下桩身轴力变化曲线，以及各土层的桩侧摩阻力等；

6 被检桩为灌注桩时，宜提供被检桩成孔质量检测结果；为设计提供依据的试验桩，应提供成孔质量检测结果。

7 单桩水平静载试验

7.1 一般规定

7.1.1 单桩水平静载试验适用于确定桩顶自由时的单桩水平承载力、推定桩侧地基土水平抗力系数，其他形式的水平静载试验可参照本方法执行。

7.1.2 当桩身埋设有应变（应力）测量传感器时，可量测相应水平荷载作用下的桩身内力，并由此计算桩身弯矩。

条文说明

7.1.1、7.1.2 指出适用于桩顶自由单桩水平承载力检测的主要原因，是说明在所有对桩进行水平承载力检测的方法中，该方法最简单。除桩顶自由的单桩水平承载力试验外，还有考虑承台底面阻力和承台侧面抗力的带承台桩（或群桩）的水平静载试验、考虑桩顶不同约束及竖向荷载等桩（或群桩）的水平静载试验，对此类桩进行水平静载试验时可根据设计要求参考本试验方法进行。抗弯能力是承受水平荷载桩的一个重要指标，它与桩和土的力学性能、桩在土中的相对位置、桩的几何尺寸、桩顶约束情况及桩土相对刚度等众多因素相关，不论从理论上，还是从工程实践上，都需使试验条件尽可能同工程桩实际工作情况相同或接近，但实际上，由于水平静载试验条件的限制，有时很难做到。此时通过试验获得桩侧地基土水平抗力系数就显得尤为重要，这是因为桩侧地基土水平抗力系数是桩土交界面下不同深度处桩侧土水平抗力与水平位移的比值，一般认为是土体的固有特性，有了桩侧地基土水平抗力系数，就可以根据实际工程桩的工作条件来确定桩侧土抗力，进而计算桩的水平承载力和弯矩。

7.1.3 为设计提供依据时，应加载至桩侧土体破坏或桩身结构破坏，检测数量应满足设计要求，且不应少于3根；对工程桩进行检测和评判时，应按设计要求的最大水平加载量或最大水平位移量控制，检测数量应满足设计要求，不宜少于3根。

7.1.4 除应符合本规程第5.3.3条的规定外，被检桩的位置尚应根据工程地质条件、设计要求和类似工程经验等因素综合确定。

7.1.5 水平受荷桩施加水平力的作用点宜与实际工程桩的水平受荷高程一致。

7.2 检测仪器设备

7.2.1 试验加载设备的选用及安装应符合下列规定：

1 水平推力加载装置宜采用卧式千斤顶。

2 当采用千斤顶施加水平荷载时，千斤顶和被检桩接触处应安置一球形铰座，使千斤顶所施加的水平荷载通过桩身轴线，千斤顶和被检桩接触处应适当补强。水上试验时应符合本规程第5.3.2条的规定。

条文说明

被检桩受水平荷载作用时，可能会产生倾斜、扭转或倾斜与扭转兼有，为了维持水平荷载作用方向始终水平并通过桩身纵轴线，需在试验中安置球形铰座。

7.2.2 加载反力装置应符合下列规定：

1 反力装置可采用相邻桩，也可专门设置；反力装置的承载能力及其刚度应大于被检桩的1.3倍。

2 当采用顶推法施加荷载时，反力桩与被检桩之间的净距不应小于5倍桩径（或边长）；当采用牵引法施加荷载时，反力桩与被检桩之间的净距不应小于10倍桩径（或边长），且不应小于6m。

7.2.3 水平荷载测量及其仪器的技术要求应符合本规程第5.2.4条的有关规定。

7.2.4 水平位移测量仪器的选用及安装应符合下列规定：

1 水平位移测量仪器的选用及安装应符合本规程第5.2.5条第1款、第4款和第5款的有关规定。

2 每根被检桩在水平力作用平面和该平面以上500mm处应各对称安装两只位移传感器或百分表，以量测相应测点位移及计算水平力作用面以上桩身的转角。

3 水平位移测量的基准桩应不受试验和其他因素的影响，其与被检桩和反力桩的净距不宜小于5倍桩径（或边长）；当基准点设置在与加荷轴线垂直方向或被检桩位移相反方向时，间距可适当减小，但不应小于2m；试验装置示意图如图7.2.4所示。

7.2.5 测量桩身应变（应力）时，传感器的安装应符合下列规定：

1 当利用单桩水平静载试验测量相应水平荷载作用下桩身应变（应力）并推算桩身弯矩时，各测试断面的测量传感器应沿受力方向对称布置在远离中性轴的受拉和受压主筋或桩身表面；安装传感器的纵剖面与受力方向之间的夹角应小于10°。

2 基桩承台底面高程下15倍桩径（或边长）范围内应加密测试断面，断面间距不应超过1倍桩直径（或边长），对桩径大于或等于800mm的桩，宜适当加密。超过此深度，测试断面间距可适当加大。

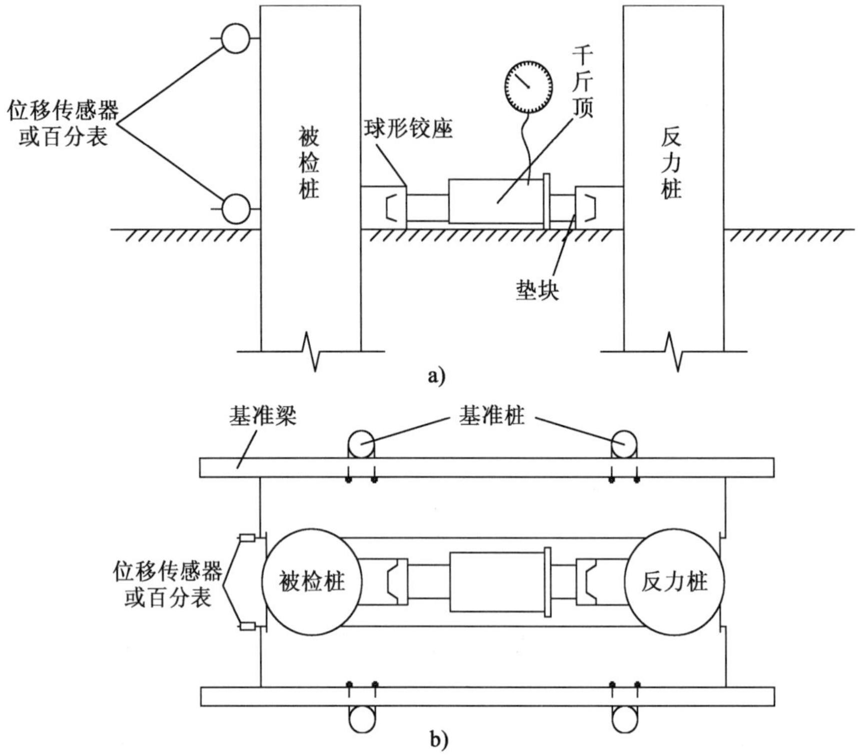

图7.2.4　单桩水平静载试验装置示意图

条文说明

利用单桩水平静载试验测量相应水平荷载作用下桩身应变（应力）并推算桩身弯矩的关键是测得同一水平截面上受拉最大处和受压最大处的应力或应变。对桩身横截面而言，受拉最大处和受压最大处是离中性轴最远的两处，对桩身纵剖面而言，这些不同横截面的受拉最大处和受压最大处的连线可能与试验水平力作用方向不垂直，为了保证试验精度，要求埋设传感器的纵剖面与受力方向之间的夹角不得大于10°。灌注桩由于要进行钢筋笼的焊接和下放，而焊接和下放均可能造成钢筋笼的偏转，因此要尽可能避免此类情况的发生。

对承受水平荷载的桩而言，桩身的结构破坏是由桩身所受弯矩造成的。理论研究和现场实测均表明由水平荷载引起的桩身弯矩主要集中在承台与地基土接触面以下的浅层，因而浅层土的性质至关重要，为了找出最大弯矩和第一弯矩零点及其作用位置，通常在基桩承台底面高程下的15倍桩径（或边长）范围内加密测试断面。

7.3　现场检测技术

7.3.1　加、卸载方法应符合下列规定：

1　当设计对加载方法有要求时，应按设计要求进行加、卸载；当设计没有给出具体加、卸载要求时，宜根据工程桩实际受力特性选择合适的加、卸载方法，可选用单向多循环加、卸载法或本规程第5章规定的慢速维持荷载法。

2 当需要测量桩身应变（应力）时，宜采用慢速维持荷载法进行试验。

条文说明

采用单向多循环加、卸载法主要是为了模拟结构的实际受荷形式，如地震，车辆的运行、制动、离心作用，波浪，水流和风作用等；当需要考虑长期永久作用时，如长期承受侧向水、土压力作用的桥台桩或防滑桩等，选用慢速维持荷载法；当在水上试桩且环境条件不能满足慢速维持荷载法稳定要求时，通常采用单向单循环恒速水平加载法。

由于单向多循环加、卸载法测量桩身内力时会引起测试数据的不稳定，因而建议采用本规程第5章规定的慢速维持荷载法。

7.3.2 试验加、卸载方式和水平位移测量应符合下列规定：

1 荷载分级宜取预估被检桩水平极限承载力或要求最大试验荷载的1/10～1/12作为加载级差。

2 单向多循环加、卸载法：每级荷载施加后，维持荷载4min后测读水平位移并卸载至零，停2min后测读残余水平位移，至此完成一个加、卸载循环，如此循环5次，完成一级荷载的试验观测，试验不得中间停歇。

3 慢速维持荷载法：加、卸载分级，试验方法及稳定标准应符合本规程第5.3.4条、第5.3.5条的有关规定。

7.3.3 当出现下列条件之一时，可终止加载：

1 桩身折断。

2 水平位移超过30～40mm（软土取40mm）。

3 达到设计要求的最大加载量或水平位移允许值。

7.3.4 检测数据宜按本规程附录C的表C-2格式进行记录。

7.3.5 桩身应变（应力）的测量宜与水平位移测量同步。

7.4 检测数据分析与评判

7.4.1 检测数据应按下列要求进行整理：

1 单向多循环加、卸载法：应绘制水平力-时间-力作用点位移 H_0-t-Y_0 曲线、水平力-力作用点位移梯度 H_0-$\Delta Y_0/\Delta H_0$ 曲线，如图7.4.1所示。

2 慢速维持荷载法：应绘制水平力-力作用点位移 H_0-Y_0 曲线、水平力-力作用点位

移梯度 H_0-$\Delta Y_0/\Delta H_0$ 曲线、力作用点位移-时间对数 Y_0-lg$t$ 曲线和水平力-力作用点位移双对数 lgH_0-lgY_0 曲线。

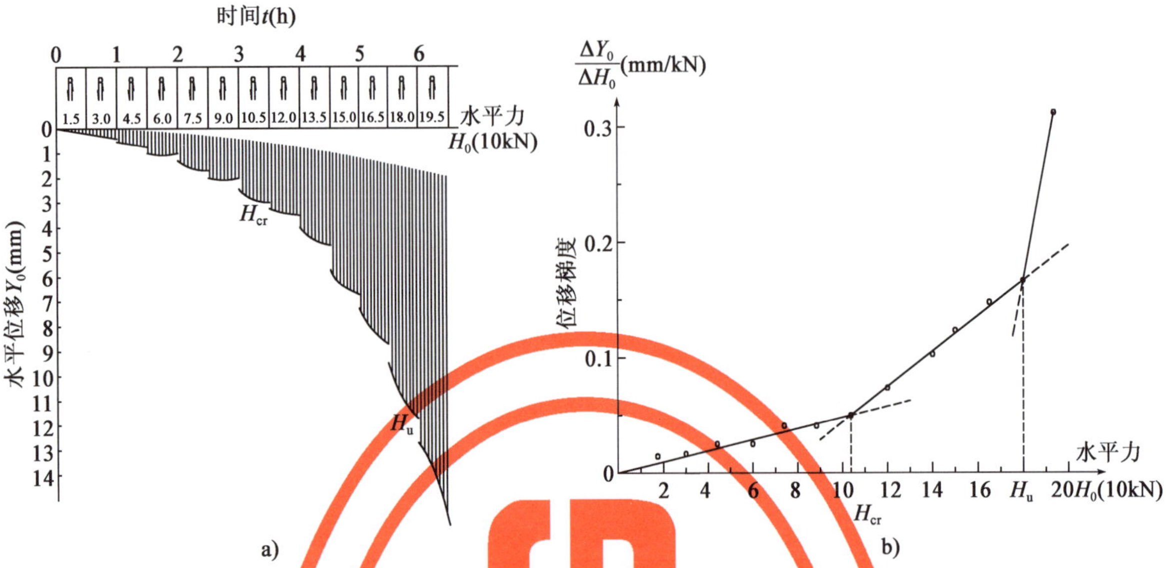

图 7.4.1 单向多循环加、卸载法水平静载试验 H_0-t-Y_0 曲线及 H_0-$\Delta Y_0/\Delta H_0$ 曲线

3 当埋设有桩身应力（应变）传感器时，应绘制各级水平力作用下的桩身弯矩分布图及水平力-最大弯矩截面钢筋拉应力 H_0-δ_s 曲线，并列表给出相应数据。

7.4.2 单桩水平极限承载力检测值应按下列方法确定：

1 单向多循环加、卸载法：根据 H_0-t-Y_0 曲线产生明显陡降的前一级水平荷载值和 H_0-$\Delta Y_0/\Delta H_0$ 曲线上第二直线段的终点对应的水平荷载值综合确定。

2 慢速维持荷载法：根据 H_0-Y_0 曲线产生明显陡降的起始点对应的水平荷载值、Y_0-lg$t$ 曲线尾部出现明显弯曲的前一级水平荷载值、H_0-$\Delta Y_0/\Delta H_0$ 曲线和 lgH_0-lgY_0 曲线上第二拐点对应的水平荷载值综合确定。

3 取桩身折断或钢筋屈服时的前一级水平荷载值。

条文说明

单桩水平极限承载力对应于两种情况：一是试验桩曲线出现明显陡降或拐点的情况，其相当于桩侧浅部土体破坏；二是桩身折断或桩身钢筋应力达到屈服。单桩水平极限承载力为出现此两种情况之一的前一级水平荷载；当按本规程第 7.3.3 条第 3 款终止试验时，并不一定能得到单桩水平极限承载力，只能得到满足设计要求的单桩水平承载力检测值。

7.4.3 单桩水平极限承载力统计值的确定方法应符合本规程第 5.4.3 条的有关规定。

7.4.4 单桩水平临界荷载应按下列方法确定：

1　单向多循环加、卸载法：根据 H_0-t-Y_0 曲线出现拐点的前一级水平荷载值和 H_0-$\Delta Y_0/\Delta H_0$ 曲线上第一拐点对应的水平荷载值。

2　慢速维持荷载法：根据 H_0-Y_0 曲线上出现拐点的前一级水平荷载值、H_0-$\Delta Y_0/\Delta H_0$ 曲线和 $\lg H_0$-$\lg Y_0$ 曲线上第一拐点对应的水平荷载值。

3　取 H_0-δ_s 曲线上第一拐点对应的水平荷载值。

条文说明

水平临界荷载为混凝土桩桩身出现裂缝前所对应的荷载，对混凝土中长桩或长桩而言，随着水平荷载的增加，桩侧土体的塑性区自上而下逐渐开展扩大，伴随着桩身所受最大弯矩逐渐增大的同时，最大弯矩所处的断面位置也会逐渐下移，当弯矩增大到一定值时，桩身混凝土出现开裂并最终导致桩身结构破坏。

7.4.5　单位工程同一条件下单桩水平承载力容许值的取值方法应符合下列规定：

1　当按桩身强度确定水平承载力时，取水平临界荷载统计值和单桩水平极限承载力统计值的一半的小值作为单桩水平承载力容许值。

2　当桩受长期水平荷载作用且桩不允许开裂时，取水平临界荷载统计值的 0.75 倍和单桩水平极限承载力统计值的一半的小值作为单桩水平承载力容许值。

3　当按设计要求的水平位移允许值确定水平承载力时，取设计要求的水平位移允许值对应的水平荷载统计值作为单桩水平承载力容许值。

4　单桩水平临界荷载统计值和本条第 3 款水平荷载统计值的确定方法应符合本规程第 5.4.3 条的有关规定。

条文说明

取水平临界荷载统计值的 0.75 倍和单桩水平极限承载力统计值的一半的小值作为单桩水平承载力容许值主要有两方面的理由：一方面是混凝土桩在承受水平荷载作用时的破坏模式大多表现为受弯破坏，为了避免混凝土桩桩身出现裂缝，规定用水平临界荷载统计值作为单桩水平承载力容许值；另一方面是由此得到的单桩水平承载力容许值还需满足设计规范总安全系数的要求。

设计要求的水平位移允许值对应的水平荷载统计值作为单桩水平承载力容许值主要是考虑本规程所采用的是桩顶自由的单桩水平承载力检测方法，实际工程中桩顶都是嵌入承台的，与桩顶自由的桩相比，在承受同样水平荷载作用时，桩顶嵌入承台桩的桩顶水平位移要小，但桩顶弯矩要大。对桩顶完全固接且配筋率较低的灌注桩，由于桩顶弯矩增大使同条件下水平临界荷载大约为桩顶自由时的 0.83 倍。

公路工程对水平位移要求较高，尤其是桥梁（含高架桥）工程要求更高，有时桩顶较小的水平位移会引起桥面较大的变位，此点在实际检测时，需结合具体工程引起足够的重视。

7.4.6 检测报告除应符合本规程第3.6节的规定外，尚应包括下列内容：

1 被检桩与对应地质钻孔柱状图的相对位置，并注明水平荷载施加位置；

2 被检桩的截面尺寸及配筋情况；

3 试验装置示意图；

4 加、卸载方法，荷载分级表；

5 单桩水平承载力确定的依据；

6 当由钢筋应力或应变测试并推算桩身弯矩时，应有传感器类型、安装位置、内力计算方法和本规程第7.4.1条第3款要求的内容。

8 低应变反射波法

8.1 一般规定

8.1.1 低应变反射波法适用于检测混凝土桩的桩身完整性和缺陷位置及程度。

条文说明

低应变反射波法是目前国内外使用最广泛的一种基桩无损检测方法，它根据一维弹性波动理论对实测桩顶速度或加速度响应信号的时域、频域特征来分析判定被检桩的桩身完整性，其中包括桩身存在的缺陷部位及其影响程度、桩端与持力层的结合状况。

根据一维弹性杆件波动理论，对由桩顶锤击产生的下行入射波来说，当桩身某处波阻抗发生变化时将产生上行反射波：广义波阻抗在该截面上由大变小时，反射波与入射波的相位相同，反之相位相反。如混凝土夹泥、离析、缩颈甚至断裂均使桩身截面的波阻抗降低，而扩径和嵌岩良好时则波阻抗增大，仅仅通过反射波的相位特征来判定桩身缺陷的具体类型具有一定的困难。因此，本方法在应用中尚需结合岩土工程地质和现场施工技术资料，通过综合分析来对桩身和桩端存在的缺陷及其类型和影响程度作出较科学的定性和半定量判定。

8.1.2 被检桩的反射信号应能有效识别；当无法有效识别时，应采用其他方法检测。

条文说明

低应变反射波法是在桩顶受到低能量锤击的情况下，低应变弹性波在桩中传播至桩端，并反射回桩顶被传感器所接收。人们既可利用时域信号中的桩端反射时间来计算波在桩中的传播速度，也可利用该场地被检桩的平均波速来估算桩的长度。但由于被检桩的桩周土约束、激振能量、桩身材料阻尼和桩身截面阻抗变化等因素的影响，应力波从桩顶传至桩底再从桩底反射回桩顶的传播的能量将随着传播距离的增大而衰减，要想测得清晰易辨的深部桩身缺陷和桩端反射波信号，除了要考虑激振材质、激振能量和传感器与桩顶的耦合条件外，仪器与传感器的各式指示及品质因素也极为重要，检测人员必须考虑到检测时的各种因素，确保采集到真实而较满意且包含桩底信息的标准曲线，才能对桩身完整性作出正确的判断，而对于工程中的某些长大桩确存在着难以取得有效桩底信号的可能性，从而造成判别桩的完整性及桩端状态具有一定的困难，这就限制了本方法的检测范围。

本规程没有规定有效检测桩长，因为我国各地的地质条件差异极大，而方法本身受桩土刚度比的制约。对于最大有效检测深度小于实际桩长的超长桩检测，尽管测不到桩底反射信号，但若有效检测长度范围内存在缺陷，则实测信号中必有缺陷反射信号。因此，低应变反射波法仍可用于查明有效检测长度范围内是否存在缺陷。在实际工程桩检测中，有效桩长（长径比 L/d）是通过现场试验来确定，一般情况下长径比在 30～50 时检测的效果比较理想。有些检测机构在当地有能力或曾经测过长达 50 多米甚至更长的大直径桩，且桩底反射也较明显，可能会有下列几种情况：其一，确实有的地区的工程桩能测到大直径超长桩桩底信号，这说明桩身均质完整、桩强度较高，且均匀性较好，桩周土阻力很小，如有厚层的淤泥质黏土地层，使应力波对地层的损耗较小；其二，经指数放大后将被检桩桩底的微弱信号得以突出；其三，也有可能是由于原带有尾部微小波动噪声经数十倍指数放大后的噪声峰恰在桩底附近，而误判为桩底反射信号或是桩身的浅部缺陷多次反射恰在桩底反射波附近而误判为桩底反射波。因此，50m 以上的桩用低应变一般较难检测到桩底信号，而对于难以取得有效桩底信号的某些长大桩，需采用如埋管超声波法和一定比例的钻孔取芯法来评判工程桩的质量。

对于嵌岩桩，由于桩端嵌入基岩之中，往往存在桩材料与基岩的广义波阻抗相近的情况，使得在时域曲线上桩端反射不明显或基本无法识别，这时需结合岩土工程勘察资料和实测时域曲线来综合判断桩端嵌岩状况。

8.2 检测仪器设备

8.2.1 检测仪器设备应包括激振设备、传感器、信号采集及处理器和专用附件等。

8.2.2 检测仪器的主要技术性能指标不应低于现行《基桩动测仪》（JG/T 3055）中规定的 2 级标准要求，具有连续采集、快速自动存储、显示实测信号和处理分析信号的功能。信号采集系统应符合下列规定：

1 数据采集和处理器模/数（A/D）转换器的位数宜不低于 16bit。

2 采样间隔宜为 5～50μs。

3 单通道采样点宜不少于 1 024 点。

4 动态范围宜大于 60dB，可调、线性度良好，其频响范围应满足 10Hz～5kHz。

8.2.3 激振设备应包括能激发窄脉冲和宽脉冲的力棒、力锤和锤垫。

条文说明

桩身材料有一定阻尼且桩周土存在侧摩阻力，应力波沿桩身传播过程将产生衰减，衰减快慢除了和桩、土阻尼有关外，还和应力波频率成分密切相关，频率高衰减快，频率低衰减慢。振动振幅随距离的增加，一般是按指数衰减规律而变化。

瞬态激振通过改变锤的几何尺寸、重量及锤头材料，可改变冲击入射波的脉冲宽度及频率成分。锤头质量较重或刚度较小时，冲击入射波脉冲较宽，低频成分为主；冲击力大小相同时，其能量较大，应力波衰减较慢，适合于获得长桩桩底信号或下部缺陷的识别。锤头较轻或刚度较大时，冲击入射波脉冲较窄，含高频成分较多；冲击力大小相同时，虽其能量较小并加剧大直径桩的尺寸效应影响，但较适宜于桩身浅部缺陷的识别及定位。

瞬态激振应通过现场敲击试验，选择合适重量的、不同材质的激振力锤，来取得宽脉冲获取桩底或桩身下部缺陷反射信号，或取得窄脉冲获取桩身上部缺陷反射信号。也可以采用锤垫材料，锤垫一般用1~2mm厚薄层加筋或不加筋橡胶带，试验时根据脉冲宽度增减，灵活方便。另外，调整脉冲宽度也可通过更换软硬不同的锤头来实现。试验中可根据不同的要求加以选择。为获得锤击力信号，可在力锤或力棒的锤头上安装压电式力传感器。

8.2.4 传感器宜选用压电式加速度传感器，也可选用磁电式速度传感器，其频响曲线的有效范围应覆盖整个测试信号的频率范围。

条文说明

传感器是安装在被检桩顶面用以接收桩身和桩端反射波信号的重要器件，其性能的好坏直接影响采集信号的可靠性，其性能评判的主要指标为频响特性、稳定性、量程、灵敏度等。目前应用的有加速度型和速度型两种传感器。不同类型传感器的频率信号接收的效果不同。选择时可选用量程范围宽，谐振频率较高，且阻尼特性好，频率相应范围宽，灵敏度较好的传感器。目前基桩检测所使用的传感器主要是压电式加速度传感器，它灵敏度高，频率范围宽，线性范围大，能够较为准确地判定出桩身的缺陷位置，无论从频响还是输出特性方面均有较大的优点，更适合于低应变反射波法测桩。而磁电式速度传感器由于生产工艺等方面的原因，其高频响应受到限制，检测时传感器的安装刚度会导致强烈的谐振，使传感器的可测范围变窄而影响检测效果。

8.3 现场检测技术

8.3.1 检测前准备工作应符合下列规定：

1 传感器安装位置应平整，混凝土灌注桩桩头应凿至新鲜混凝土面，各测试点和激振点宜用砂轮机磨平。

2 应测量并记录桩头截面尺寸。

3 预制桩的检测应在相邻桩施工完成后再进行。

4 根据现场情况，应合理选择合适的激振设备和传感器，并确认整个测试系统处于正常的工作状态。

条文说明

被检桩顶面条件的好坏直接影响测试信号的质量和对桩身完整性判定的准确性，因此，要求被检桩顶面的混凝土质量、截面尺寸与桩身设计条件基本相同。如果混凝土灌注桩的桩顶存在一些低强度的浮浆，将直接影响传感器的安装以及锤击所产生的弹性波在桩顶部位的传播，因此检测前予以清理干净，以露出坚硬的新鲜混凝土表面为准。

混凝土预制桩沉桩时，会对周围产生不同程度的挤土效应，严重时会引起土体隆起或接桩部位脱焊错位现象，因此，需在基桩施工完工后再进行检测。

8.3.2 测试参数设置应符合下列规定：

1 时域信号记录的时间段长度应不小于 $2L/c$ 时刻后延 5ms，频域信号分析的频率范围上限应不小于 2 000Hz。

2 设定桩长应为被检桩顶至桩底的实际施工长度。

3 采样间隔应根据桩长合理选择，采样点数不宜少于 1 024 点。

条文说明

从时域波形中找到桩底反射位置，仅仅是确定了桩底反射的时间，根据 $\Delta T=2L/c$，只有已知桩长 L 才能计算波速 c，或已知波速 c 计算桩长 L。因此，设置桩长参数以实际记录的施工桩长为依据，按测点至桩底的距离设定。测试前桩身波速可根据本地区同类桩型的测试值初步设定，实际分析时按桩长计算的波速重新设定或按本规程第 8.4.2 条确定的波速平均值 c_m 设定。

对于时域信号，采样频率越高，则采集的数字信号越接近模拟信号，越有利于缺陷位置的准确判断。一般需在保证测得完整信号（时段 $2L/c+5$ms，1 024 个采样点）的前提下，选用较高的采样频率或较小的采样时间间隔。但是，若要兼顾频域分辨率，通常要降低采样频率或增加采样点数。

8.3.3 测量传感器及激振设备的操作应符合下列规定：

1 传感器应安装在桩头平整面上，对灌注桩应安装在新鲜混凝土面上，并应与桩顶面垂直，确保传感器黏结稳固、耦合良好。

2 激振设备应通过现场对比试验选定，短桩或浅部缺陷桩宜采用窄脉冲低能量激振，长桩或深部缺陷桩宜采用宽脉冲高能量激振，选用不同重量和材质的力锤（棒），也可采用软硬适宜的锤垫。

3 采用力锤（棒）激振时，其作用力方向应与桩顶面保持垂直。

条文说明

为了取得被检桩高质量的检测信号，传感器的安装及与桩头的耦合十分关键，传感器与被检桩安装耦合得越好，接触刚度越大，所测得的振动信号越接近于被检桩表面的质点振动信号，因此，传感器的正确安装及黏合剂的合理选择在现场检测工作中至关重要。试验证明高品质的黄油和牙膏较之橡皮泥、口香糖检测效果要好。

在使用各类力棒检测时，通常采用不同高度的自由落体形式。

8.3.4 信号采集应符合下列规定：

1 对混凝土灌注桩，激振点宜选择在桩中心，传感器宜安装在距桩中心 2/3 半径处，且距离桩的主筋不小于 50mm；当桩径小于 1 000mm 时，不宜少于 2 个测点；当桩径大于或等于 1 000mm 时，应设置 3 ~4 个测点；测点宜以桩心为中心对称布置。

2 对混凝土预制桩，当边长或桩径小于 600mm 时，不宜少于 2 个测点；当边长或桩径大于或等于 600mm 时，不宜少于 3 个测点。

3 对预应力混凝土管桩，激振点、检测点和桩中心连线形成的夹角宜为 90°，且不应少于 2 个测点。

4 各测点记录的有效信号数不应少于 3 次，且检测波形应具有良好的一致性。

5 当检测环境存在干扰时，宜采用信号叠加增强技术进行重复激振，提高信噪比，当时域信号一致性较差时，应分析原因，排除人为和检测仪器等干扰因素，重新检测或增加检测点数量。

条文说明

对于直径大且桩身短的混凝土灌注桩，在距桩中心激振点约 2/3 半径处安装传感器时，往往因其初始接收桩顶表面波而导致桩端反射时间偏短。规定测点数随被检桩直径的增大而增多，主要是为了避免桩顶面材料不均匀所产生的不利影响及桩身可能存在局部缺陷所导致的遗漏。

随着桩径的增大，桩身混凝土在截面和深度方向上的不均匀性均会增加，桩浅部的阻抗变化往往表现出明显的方向性，增加桩顶测点的数量，可以使检测结果更全面地反映出桩身完整性的整体情况；本规程规定在每个测点重复检测次数不少于 3 次，旨在确认检测信号的一致性并提高有效信号的信噪比；现场检测时，需合理选择测试系统尤其是传感器的量程范围，避免其过载削波而影响检测分析结果。

对于预应力混凝土管桩，根据实践经验，传感器安装点和激振点与桩顶面中心的连线夹角不小于 45°，以减少桩顶局部高频振动对桩身缺陷和桩端反射信号的影响程度。

对于预应力混凝土管桩，当法兰盘与桩身混凝土之间结合紧密时，可以不进行处理，若有损裂现象，则需用电锯或电砂轮将其截除磨平，将传感器安置于预应力混凝土管桩管壁中间部位方能进行检测。

对倾斜桩进行测试时，要求在桩头布设以桩中心为准的等角度的 8 个传感器，所测得的 8 条时域曲线中与入射波反向最明显的即是桩倾斜的方向，同时可以采用桩底反射系数计算其倾角，这方法以及有关成果在许多文献中已有记载，可供参考使用。

8.4 检测数据分析与评判

8.4.1 桩身完整性分析宜以时域曲线为主，辅以频域分析，并结合岩土工程勘察资料、桩型、施工记录和波形特征等因素进行综合分析评判。

条文说明

目前用本方法判别桩身完整性，主要是以时域波形为主、频域分析为辅。解释时域波形的先决条件是其含有桩身以及桩端质量信息的响应，这样才能正确地分析桩身的缺陷，求取桩身的波速。

由于多种干扰因素的存在，时域信号通常需采用滤波和平滑处理来突出其中的有效信息，而不恰当的滤波往往会导致漏判和波形畸变。当时域信号一致性差或干扰严重时，通常结合频域曲线中相邻谐振峰所对应的频率差来进行缺陷估判。

8.4.2 桩身波速平均值的确定应符合下列规定：

1 当桩长已知，桩底反射信号明显时，应选取相同条件下不少于5根Ⅰ类桩的桩身波速值按式（8.4.2-1）~式（8.4.2-3）计算波速平均值：

$$c_m = \frac{1}{n}\sum_{i=1}^{n} c_i \quad (8.4.2\text{-}1)$$

$$c_i = \frac{2L \times 1\,000}{\Delta T} \quad (8.4.2\text{-}2)$$

$$c_i = 2L \cdot \Delta f \quad (8.4.2\text{-}3)$$

式中：c_m——桩身波速平均值（m/s）；

c_i——第 i 根桩的桩身波速计算值（m/s）；

L——测点以下桩长（m）；

ΔT——时域信号第一峰与桩端反射波峰间的时间差（ms）；

Δf——幅频曲线上桩端相邻谐振峰间的频差（Hz），不宜取第一峰与第二峰进行计算；

n——参加波速平均值计算的基桩数量（$n \geqslant 5$）。

2 对某些长大桩无法取得明确的桩底反射时，波速平均值可根据相邻工程相同桩型与成桩工艺，并结合混凝土的集料性状和强度等级等因素综合考虑决定。

8.4.3 桩身缺陷位置应按式（8.4.3-1）、式（8.4.3-2）计算：

$$x = \frac{1}{2\,000}\Delta t_x \cdot c \quad (8.4.3\text{-}1)$$

$$x = \frac{1}{2}\frac{c}{\Delta f_x} \quad (8.4.3\text{-}2)$$

式中：x——测点至桩身缺陷之间的距离（m）；

Δt_x——时域信号第一峰与缺陷反射波峰间的时间差（ms）；

Δf_x——幅频曲线上对应于缺陷的相邻谐振峰间的频差（Hz）；

c——桩身波速（m/s），无法确定时用 c_m 值替代。

条文说明

为了判断被检桩的质量和推算缺陷的位置，首先利用一定数量完整桩的反射波波形获取同一工地的桩身波速平均值 c_m。虽然桩身波速与混凝土强度等级之间有一定的相关性（混凝土强度高，则其波速相对也高），但由于混凝土的集料、砂粒成分、粒径、水灰比以及成桩工艺等多种因素影响，其规律各不相同，至今仍未找出混凝土强度与波速之间普遍适用且可靠的定量关系。

在桩的时域曲线上出现于桩底反射前并与入射波同向的反射信号时，并非均为桩的缺陷部位反映，有时在桩侧土的软硬土层变化的界面上，也会产生类似的同相反射，而且在用实测信号的频谱曲线辅助分析被检桩的完整性时，当桩侧土与桩身材料的弹性模量或波速比差别较大时，会使桩端第一与第二谐振峰的频率差明显地比后续的偏小，从而导致所计算出的桩身波速与时域法的结果不一致。因此，式（8.4.3-2）中的 Δf_x 一般不能由桩端第一与第二谐振峰的频率来计算，而尽可能地采用更高阶的相邻谐振峰频率。

8.4.4 桩身完整性类别评判应结合时域或频域曲线的完整性，并结合场地的岩土工程特征、成桩工艺、施工记录和设计桩型等因素，按表 8.4.4 综合分析评判。

表 8.4.4 桩身完整性类别评判表

类　别	时域信号特征	频域信号特征
Ⅰ	$2L/c$ 时刻前无缺陷反射波，有桩底反射波信号	可见规律的等间距桩底谐振峰，其相邻频差 $\Delta f \approx c/2L$
Ⅱ	$2L/c$ 时刻前有局部轻微缺陷反射波，有桩底反射波信号	桩底谐振峰基本等间距，其相邻频差 $\Delta f \approx c/2L$，局部轻微缺陷产生的谐振峰与桩底谐振峰之间的频差 $\Delta f_x > c/2L$
Ⅲ	$2L/c$ 时刻前有明显的缺陷反射波，桩底反射信号不明显，其他特征介于Ⅱ类和Ⅳ类之间	
Ⅳ	$2L/c$ 时刻前有严重的缺陷反射波，或因桩身严重缺陷使波形呈多次大振幅反射，无桩底反射信号	严重缺陷峰－峰值排列基本等间距，相邻频差 $\Delta f_x > c/2L$，无桩底谐振峰，或因桩身浅部严重缺陷只出现单一谐振峰

条文说明

完整桩分析判定，据时域信号或频域曲线特征判定相对来说较简单直观，而分析缺陷桩信号则复杂些，有的信号的确是因施工质量缺陷产生的，但也有是因设计构造或成桩工艺本身局限导致的，例如预制打入桩的接缝，灌注桩的逐渐扩径再缩回原桩径的变截面，地层硬夹层影响等。因此，在分析测试信号时，仔细分清哪些是缺陷波或缺陷谐振峰，哪些是因桩身构造、成桩工艺、不同地层影响造成的类似缺陷信号特征。另外，根据测试信号幅值大小判定缺陷程度，除受缺陷程度影响外，还受桩周土阻力（阻尼）大小及缺陷所处深度的影响。相同程度的缺陷因桩周土性不同或缺陷埋深不同，在测试信号中其幅值大小各异。因此，如何正确判定缺陷程度，特别是缺陷十分明显时，如何区分是Ⅲ类桩还是Ⅳ类桩，要仔细对照桩型、地基条件、施工情况结合当地经验综合分析判断。

反射波法是利用桩身阻抗变化产生波的反射原理来判断桩身质量。但实际情况除了桩身阻抗变化会影响信号曲线以外，对基桩测试曲线进行分析时，要充分考虑到桩周土层对所采集波形曲线的影响。桩周土阻力对波形曲线的影响：①导致应力波迅速衰减，检测时有效测试深度减小；②影响缺陷反射波的幅值，使缺陷分析时的误差加大；③在软硬土层交界处及附近产生土阻力波，干扰桩身反射波，土阻力反射波与桩身缺陷反射波易混淆，从而造成误判，同时需重视由于地层的软厚地层界面而引起的、在该夹层深度曲线的、与入射波同相或反相的反射。

8.4.5 桩身完整性分析中出现下列情况时，应结合其他检测方法综合评判：

1 超过有效检测长度的超长桩，其测试信号不能反映桩身下部和桩底情况。

2 因地层和施工工艺原因引起的桩身截面渐变或多变，且变化幅度较大的混凝土灌注桩。

3 当桩长的推算值明显与实际提供桩长不符，且缺乏相关资料加以解释或验证。

4 实测曲线复杂，无规律或呈现低频大振幅衰减振动，无法对其进行准确的桩身完整性分析与评判。

5 对预制桩，时域曲线在接头处有明确的同相反射，无法对其判定断裂错位或接桩不良。

条文说明

对桩身时域反射信号进行分析时，位于浅部、中部桩身截面阻抗突变型的断桩、严重离析和缩颈等缺陷是容易识别的。而实际工程中，往往由于工程地质如软硬地层的交界处、夹层处和施工工艺的原因，桩身某段截面沿深度会逐渐缓慢地增大或缩小，在某一深度处又以突变的方式恢复到设计尺寸。实测信号对缓变型截面变化反应不敏感，而对突变型截面变化反应敏感，因此容易由于突变特征信号造成对桩身质量类别的误判，对此需加以防范。

8.4.6 对嵌岩桩，桩底反射信号与入射波信号同相时，应结合桩底基岩的属性、成桩工艺等因素综合分析其原因，必要时应进行钻孔取芯验证。

条文说明

对于公路工程中大量使用的嵌岩灌注桩，从理论上讲可以用低应变反射波法有效地检测出桩端的嵌岩质量，即在桩端波形呈反相反射，则认为嵌岩状况良好，反之则认为桩端存在低劣混凝土或沉渣的可能性较大，但实际情况往往是要结合基岩的硬度、是否存在断裂破碎或在桩端处是否存在软弱夹层或岩溶孔洞的可能等因素，综合考虑嵌岩的质量。实际检测中，需在充分了解地质资料的情况下，分析嵌入基岩的力学特性，一般当桩由土层入岩时，由于桩侧地层的影响，应力波入岩后在桩侧向基岩透射增大，在曲线上表现为与入射波同相的子波，利用它可以分析桩入岩的部位，而对于桩端的相位分析，要了解基岩的强度、桩端基岩的完整性以及沉渣来分别判断嵌岩的效果。

8.4.7 预制桩在正常的桩底反射前出现与入射波同相异常反射时，应分析是否在接桩部位；当无法对其进行准确评判时，应结合其他检测方法综合评判桩身完整性。

条文说明

对预制桩的完整性检测，在分析时程曲线时需重视接桩部位的工艺，焊接、机械连接及环氧树脂胶等，故在检测中哪怕是正常接头也会在时域曲线上不同程度地反映出来；还有的是由于桩侧土层的影响，因此在对曲线进行分析时，要重视结合打桩与接桩工艺、场地及周边地质条件及环境和桩底持力层属性来正确评判，以免出现误判，对某些接桩处出现明显同相反射而不能确定完整性类别的桩，一般采用井中电视或其他检测方法综合评判。

8.4.8 检测报告除应符合本规程第 3.6 节的规定外，尚应包括下列内容：

1 桩身完整性实测的时域曲线；

2 桩身波速取值；

3 桩身完整性描述，缺陷的位置及完整性类别。

9 高应变法

9.1 一般规定

9.1.1 本方法适用于检测单桩竖向抗压极限承载力，通过采用实测曲线拟合法分析得到桩侧土阻力的分布和桩端土阻力；用于检测桩身结构完整性，判定桩身缺陷的位置和缺陷程度；用于监测混凝土预制桩和钢桩沉桩过程中桩身应力和锤击能量传递比，为选择沉桩工艺参数和确定桩长提供依据。

条文说明

采用实测曲线拟合法分析桩侧土阻力的分布和桩端土阻力时，需结合具体情况（如桩身截面变化、桩身材料均匀性、桩身缺陷、锤击情况、传感器状况、实测贯入度等），并根据实测波形曲线，采用人工方法对拟合参数进行适当调整，避免由程序自动拟合获得。

高应变法检测桩身结构完整性时，由于其激振能量大，因而可以检测出桩的深部是否存在缺陷，以及同一根桩存在两个以上的明显缺陷。但因为高应变锤击波形从起始到峰值的上升时间一般都在2ms以上，所以其对传感器安装以下较浅部位的缺陷难以判断，另外，由于高应变锤击能量大，会使得桩身微小裂缝在锤击作用下产生“封闭”现象，因而其对桩身微小裂缝也不敏感。

通过沉桩时的同步监测，可以为锤及垫层的选择，以及确定沉桩工艺及选择桩端持力层等提供科学依据。

9.1.2 检测单桩竖向抗压极限承载力时，应具有同一条件下的动-静试验对比资料和实测经验，并应全部采用实测曲线拟合法。

条文说明

目前对现场实测信号进行凯斯法分析基本上都是阻尼法，该方法在推算被检桩单桩竖向抗压极限承载力时存在三方面的问题：第一是该法的假设仅适用于中小截面的摩擦桩；第二是凯斯阻尼系数取值的不确定性；第三是计算过程与贯入度和最大位移无关，也无法计算各土层弹限。由于存在以上三方面的问题使得凯斯法推算被检桩单桩竖向抗压极限承载力时常可能出现较大误差，同时考虑到公路工程的特点，本次修编取消了采用凯斯法检测单桩竖向抗压极限承载力，规定利用高应变法检测单桩竖向抗压极限承载力时，全部采用实测曲线拟合法。然而，实测曲线拟合法仍然需要检测人员具有一定的实际经验和对所检测地区岩土特性的正确把握，所以，具有同一条件下的动-静试验对比资料对实测曲线拟合法所选用的力学模型、参数选取及具体模拟过程，均具有重要的参考意义。当现场无法满足同一条件时，需尽可能使条件相同。

9.1.3 本方法宜用于等截面非嵌岩灌注桩、预制混凝土桩和钢桩的现场检测。

条文说明

本条主要是基于高应变法检测单桩竖向抗压极限承载力时，对锤击设备和桩有两个基本要求：一是锤击设备所产生的冲击力能使桩产生一定的贯入度，并使桩侧、桩端土阻力充分发挥；二是桩身截面阻抗变化不大。此外，某些工法已改变了桩侧或桩端土的岩土组成，而这种改变不论在理论上，还是在工程实际中，目前的研究和工程经验还不成熟，势必造成拟合分析时岩土参数的选取缺少依据。如对多支盘灌注桩、大直径扩底桩、超长灌注桩、嵌岩桩、静钻根植桩、中掘桩、异形截面桩、后注浆灌注桩及缓变型 *Q-s* 曲线的大直径灌注桩等，均不适合采用本方法检测单桩竖向抗压极限承载力。

9.1.4 高应变法检测桩应具有代表性，单位工程同一条件下检测单桩竖向抗压极限承载力时，不宜少于 5 根；对工程地质条件复杂或对施工质量有疑问时，应增加检测数量；当采用高应变法进行沉桩过程监测或为选择沉桩工艺参数时，不应少于 3 根。

9.2 检测仪器设备

9.2.1 检测仪器设备应包括激振设备、信号采集及分析仪、传感器和贯入度测量仪等。

条文说明

本条给出了高应变法所需的主要仪器和设备，除此之外，还需有其他辅助设备，如冲击钻、膨胀螺栓、铟瓦尺、起重设备、运输重锤的车辆等。

9.2.2 激振锤宜采用由铸铁或铸钢整体制作的自由落锤，也可采用柴油锤、液压锤，严禁使用由钢板制成的分片组装锤。锤体应材质均匀、形状对称、锤底平整，高径（宽）比不得小于 1，宜采用稳固的导向装置。

条文说明

分片组装锤在锤击过程中其内部存在相互碰撞，尤其是多次使用后的分片组装锤钢板存在变形而难以做到密贴，使得实测波形不规则，对计算分析结果产生严重影响；规定锤的高径（宽）比及建议采用稳固的导向装置是为了提高锤击时的稳定性，减小锤击偏心，提高实测波形质量并确保安全。

9.2.3 检测单桩竖向抗压极限承载力时，激振锤的重量不得小于预估单桩极限承载力的1.2%，灌注桩的桩径大于800mm或桩长大于35m时宜适当增加锤重。

条文说明

为防止桩头被打坏或桩身出现过大拉应力，同时也为了确保安全，重锤的落距不能太大。高应变法检测单桩竖向抗压极限承载力时应使被检桩产生一定贯入度，因而，锤重过小难以满足要求。本条提出的最小锤重是在参考国内外已有实际工程经验的基础上提出的。此外，对桩径大于800mm或桩长大于35m的灌注桩，由于其单桩极限承载力较高，为使桩周土进入塑性状态和桩端土阻力充分发挥，根据大量试验结果，高应变锤重宜适当增加。

9.2.4 信号采集器和传感器的性能应符合下列规定：

1 检测仪器的主要技术性能指标不应低于现行《基桩动测仪》（JG/T 3055）中规定的2级标准要求，具有连续采集、快速自动存储、显示实测力与速度信号和处理分析信号的功能。

2 信号采集器的采样频率应大于10kHz，信号采样点数应不少于1 024点，采样长度应满足计算、分析要求；记录、处理和数据显示装置，应有能力对应变、加速度和时间进行内部标定。

3 加速度传感器的安装应满足谐振频率的要求，且加速度在0~10 000m/s^2和频率在1~7.5kHz范围内呈线性。当被检桩为钢桩时，宜采用加速度在50 000m/s^2范围内呈线性的加速度计。

9.2.5 桩的贯入度应采用精密水准仪等光学仪器测定。

9.3 现场检测技术

9.3.1 检测混凝土预制桩和钢桩的极限承载力最短休止期应符合本规程第3.4.3条规定。

9.3.2 检测混凝土灌注桩的极限承载力时，被检桩的混凝土龄期应符合本规程第3.4.2条规定；检测混凝土灌注桩的完整性时，在桩身混凝土强度满足锤击要求的前提下，被检桩的混凝土龄期不应少于14d。

9.3.3 检测前的桩头处理应符合下列规定：

1 桩顶面应平整，桩露出地面的高度应满足锤击装置和传感器安装的要求，锤重心应与桩顶对中。

2 对不能承受锤击的桩头应进行加固处理，混凝土桩的桩头加固处理应按本规程附录B执行。

9.3.4 检测时桩顶应设置垫层，垫层宜采用厚度为10～30mm的木板、纤维板、石棉板，板的厚度应相同，材质应均匀，也可铺设均匀的砂作为垫层。

9.3.5 传感器的安装应符合下列规定：

1 桩顶下两侧应对称安装2只加速度传感器和2只应变传感器，其与桩顶的距离不宜小于2倍桩径或桩边长；对于大直径桩，传感器与桩顶距离可适当减小，但不得小于1倍桩径或桩边长；严禁采用1只加速度传感器或1只应变传感器进行检测。

2 传感器安装面应平整、无明显缺损或截面突变，且所在截面的材质和尺寸应与被检桩相同。

3 加速度传感器和应变传感器的中心应位于同一水平截面内，同侧两种传感器间的水平距离不宜大于100mm；固定传感器的螺栓孔应与桩轴线垂直，安装好的传感器应紧贴桩身，且传感器的中心轴应与桩的中心轴平行。

4 在安装应变传感器时，应对初始应变进行监测，其值不得超过规定的限值。

9.3.6 被检桩基本参数的设定应符合下列规定：

1 测点桩身截面积及测点以下桩长应按实际设定。

2 桩身材料密度宜按表9.3.6取值。

表9.3.6 桩身材料密度ρ（kg/m^3）

混凝土灌注桩	混凝土预制桩	预应力混凝土管桩	钢　桩
2 400	2 450～2 500	2 550～2 600	7 850

3 桩身波速可结合本地经验或按同场地同类型已检桩的平均波速初步设定，现场检测完成后应按本规程第9.4.2条第2款予以调整。

4 桩身材料的弹性模量应按式（9.3.6）计算：

$$E = \rho c^2 \tag{9.3.6}$$

式中：E——桩身材料弹性模量（kPa）；

ρ——桩身材料密度（kg/m^3）；

c——桩身波速（m/s）。

条文说明

由于计算测点以下桩身运动速度、受力大小和桩身阻抗变化以及判定力和速度信号起始段是否重合均以测点处为参考，所以测点处的参数（如桩身弹性模量、材料密度、应力波传播速度）需能代表测点以下桩身情况。测点以下桩长为传感器安装位置至桩底的距离，不包括桩尖，灌注桩需以实测孔深推算。

9.3.7 激振应符合下列规定：

1 采用自由落锤为激振设备时，宜重锤低击，锤的最大落距不宜大于2.5m。

2 用于检测单桩竖向抗压极限承载力时，应实测每次锤击下桩的有效贯入度，单击贯入度宜控制在2～6mm内，且锤击次数宜为2～3击。

条文说明

当其他条件（如锤重、垫层、桩、土及桩在土中与土的相对位置等）一定时，锤的落距过大会造成两个方面的不利影响：其一是增加了偏心锤击的可能，同时也增加了桩身的锤击拉应力，从而使得桩头和桩身容易被损坏；其二会使得实测曲线中土的动阻力影响加剧，从而造成分析难度增大，误差增加。

需实测每次锤击下桩的有效贯入度主要有两个原因：其一是实测曲线拟合法分析时要求拟合所得的贯入度必须与实测贯入度接近；其二是实测每击下有效贯入度是判断高应变法检测单桩竖向抗压极限承载力时现场试验成功与否的重要标志。单击贯入度宜控制在2～6mm内是在总结国内外工程实践基础上提出的，一般对桩径小的摩擦桩取低值，其他如大直径桩、长桩、端承或端承摩擦桩等取高值。限定锤击次数主要是因为多次连续锤击会使桩的承载力降低，但如果是利用高应变法检测桩身质量，尤其是深部桩身质量，多次锤击在降低土体强度的同时，会使桩身缺陷和桩底反射更加清晰，有利于对缺陷的判定。

9.3.8 检测桩身完整性和承载力时，应及时检查采集数据的质量、桩顶最大锤击力和动位移、贯入度以及桩身最大拉（压）应力、桩身缺陷程度及其发展情况等，并由此综合判定本次采集信号的有效性。每根被检桩的有效信号数不应少于2组。

条文说明

现场检测所采集到的实测信号质量是高应变试验成功与否的关键。所以检测人员需在确保检测系统处于正常工作状态及现场检测环境满足检测要求的前提下，对每次实测信号以及动位移、贯入度和桩顶所受最大锤击力及土阻力大致发挥情况进行初步分析和判断，并确定所采集的信号是否能满足桩身完整性和承载力检测的要求。此外，也需对混凝土桩的锤击拉、压应力和桩身缺陷程度及其发展情况进行判断，以决定是否进行下一次锤击。为使所采集信号具有可比性，规定每根被检桩的有效信号数不应少于2组；沉桩监测按每次采集一阵（10击）的实测信号进行判别。

9.3.9 现场检测信号出现下列情况之一时，应停止检测，且严禁将其用于分析：

1 力和速度信号第一峰起始比例失调；

2 测试波形紊乱；

3 桩身缺陷程度加剧。

条文说明

理论上高应变检测在没有土阻力影响的部分，锤击力 F 应与 $Z \cdot v$ 重合。当力和速度信号第一峰起始比例失调时，尤其是第一峰值相差较大的情况，说明桩浅部阻抗变化、土阻力、测点处混凝土非线性或其他如反射波中至少有一个因素对其产生了影响，因而应停锤检查，并分析原因。此外，也不得随意进行比例调整或利用具有自动调整功能的仪器进行调整，否则只能得到虚假数据。

测试波形紊乱可能与仪器是否处于正常工作状态、传感器状态及安装是否符合要求、锤击是否规范以及现场环境是否符合要求等众多因素有关。当出现测试波形紊乱时，检测人员应停锤检查，并分析原因，且严禁利用紊乱波形进行分析或计算。

当发现桩身缺陷程度加剧时，继续进行检测只会加剧桩身缺陷。

9.3.10 对混凝土预制桩和钢桩进行试沉桩检测时，应符合下列规定：

1 试沉桩用于评判其承载力时，应按桩端进入的土层逐一进行测试。当持力层较厚时，应在同一土层不同深度进行多次测试。

2 桩端持力层应根据试沉桩的承载力检测结果，并综合考虑最终 5～10 击的贯入度和场地地基土的岩土特性进行评判。

3 采用试沉桩评判桩的承载力时，应在沉桩终锤前进行连续检测，并以最终 5～10 击采样结果为依据，时间效应应通过同一根桩的初、复打值对比确定。

条文说明

单桩竖向抗压极限承载力取决于沉桩施工结束后满足休止期的情况。为了提高检测精度，规定时间效应应通过同一根桩的初、复打值对比确定，且复沉桩的休止期需满足本规程第 3.4.3 条的规定。

9.3.11 试沉桩时如现场需要判定单桩竖向抗压承载力，可采用凯斯法对单桩竖向抗压承载力进行初步计算，且应符合下列规定：

1 仅限于中、小直径桩，且应有较可靠的地区经验。

2 桩身材质应基本均匀、截面应基本相等。

3 凯斯法计算单桩竖向抗压承载力应按式（9.3.11）计算：

$$R_s = \frac{1}{2}(1 - J_c) \cdot [F(t_1) + Z \cdot v(t_1)] + \frac{1}{2}(1 + J_c) \cdot \left[F\left(t_1 + \frac{2L}{c}\right) - Z \cdot v\left(t_1 + \frac{2L}{c}\right)\right] \tag{9.3.11}$$

式中：R_s——凯斯法计算获得的单桩竖向抗压承载力（kN）；

J_c——凯斯法阻尼系数；

Z——桩身截面力学阻抗（kN·s/m）；

v——桩身实测质点运动速度（m/s）；

t_1——速度信号第一峰对应的时刻（s）；

$v(t_1)$ —— t_1 时刻的桩身实测质点运动速度；

c——桩身波速（m/s）；

F——桩身实测锤击力（kN）；

L——测点以下桩长（m）。

条文说明

实测曲线拟合法是高应变法中确定单桩竖向抗压承载力最可靠的方法，但实测曲线拟合法需要在室内根据实测波形进行计算拟合，满足不了试沉桩时，有时需要初步确定单桩竖向抗压承载力，故列出本条，并强调只有在试沉桩时可采用凯斯法对单桩竖向抗压承载力进行初步计算。

由于凯斯法承载力计算公式是基于桩身阻抗基本恒定、动阻力全部集中于桩端和土阻力在时刻 $t_2=t_1+2L/c$ 已充分发挥的假定条件下获得的，因而，它仅适用于桩身材质基本均匀、截面基本相等的摩擦型中、小直径桩。

凯斯阻尼系数是公式中唯一的未知数，且是一个综合调整系数。凯斯阻尼系数取值是否合理直接影响推算被检桩竖向抗压承载力的可靠性，因而，实际使用时需结合当地经验和同条件下动静对比资料合理选择。

9.3.12 桩身锤击应力监测与计算应符合下列规定：

1 桩身锤击应力监测应包括桩身最大锤击拉应力和桩身最大锤击压应力两部分。

2 桩身最大锤击拉应力宜在预计桩端进入软土层或桩端穿过硬土层进入软夹层时测试；桩身最大锤击拉应力应按式（9.3.12-1）计算：

$$\sigma_t=\frac{1}{2A}\max\left[Z\cdot v\left(t_1+\frac{2L}{c}\right)-F\left(t_1+\frac{2L}{c}\right)-Z\cdot v\left(t_1+\frac{2L-2x}{c}\right)-F\left(t_1+\frac{2L-2x}{c}\right)\right] \tag{9.3.12-1}$$

式中：σ_t——桩身最大锤击拉应力（kPa）；

A——桩身截面面积（m^2）；

x——测点至计算点之间的距离（m）。

3 桩身最大锤击压应力宜在预计桩端进入硬土层或桩侧土阻力较大时测试；桩身最大锤击压应力可按式（9.3.12-2）计算：

$$\sigma_p=\frac{F_{max}}{A} \tag{9.3.12-2}$$

式中：σ_p——桩身最大锤击压应力（kPa）；

F_{max}——实测最大锤击力（kN）。

9.4 检测数据分析与评判

9.4.1 实测波形应符合下列规定：

1 力曲线和速度曲线在起始阶段应重合，两者峰值一般情况下出现在同一时刻 t_1，且幅值基本相等；在 t_1 至 t_1+2L/c 时间内，力曲线和速度曲线应逐渐分离。

2 力曲线和速度曲线应基本光滑、无振荡或低频噪音信号叠加，且曲线尾部应归零。

3 同一根被检桩相邻两次有效采样信号应有较好的重复性。

9.4.2 锤击信号选取与调整应符合下列规定：

1 桩身波速可由桩长和下行波上升沿的起点到上行波下降沿的起点之间的时差确定，如图 9.4.2 所示；也可由桩长和力与速度信号上的桩端反射波时间确定；桩端反射不明显时，应根据桩长及相邻桩的桩身波速等综合确定。

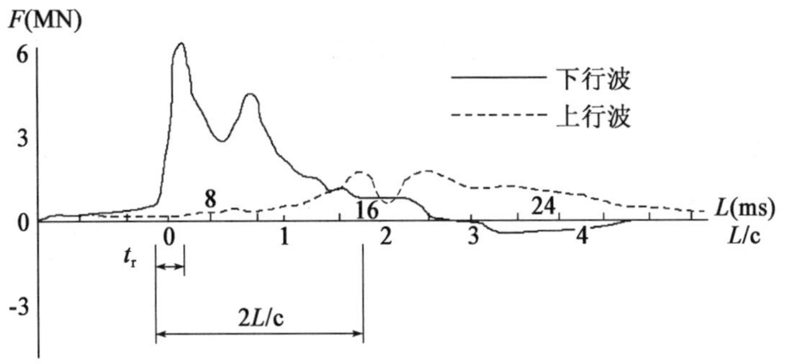

图 9.4.2 桩身波速的确定

2 当测点处原设定的平均波速与实测波速相比需要调整时，应按式（9.3.6）对桩身材料的弹性模量重新进行计算，并应对原实测力值进行校正。

条文说明

当桩底反射峰变宽或桩身存在水平裂缝时，避免采用"峰-峰"时差来计算平均波速；对较短桩且锤击力波上升缓慢情况，当有同一场地高、低应变波速对比资料时，通常采用低应变法确定平均波速。

当模量改变后，有些仪器不能自动修正以速度大小储存力值，则需对原实测力值进行校正。

9.4.3 当出现下列情况之一时，高应变锤击信号不得作为承载力分析计算依据：

1 传感器安装处混凝土开裂或出现严重塑性变形，使力曲线最终未归零。

2 锤击严重偏心，两侧力信号幅值相差超过 1 倍。

3 触变效应的影响，桩在多次锤击下承载力下降。

4 桩身有明显缺陷。

5 四通道测试数据不全。

条文说明

本条规定了不得利用高应变法推算单桩竖向抗压极限承载力的现场实测信号几种情况，合理可靠的实测信号是分析、判断及模拟计算的首要条件。一般来说，力信号曲线通常最终归零。严重偏心相当于两侧力信号之一与两侧力信号均值之差的绝对值超过平均值的 30%。

9.4.4 推算被检桩的竖向极限承载力前，应依据地质条件和设计参数，通过实测波形对桩承载性状、桩身缺陷程度和位置及连续锤击时缺陷的逐渐扩大或闭合情况先进行定性判别。

条文说明

高应变法的最终分析结果取决于现场实测信号的可靠性、分析软件和检测人员的素质，其中最关键的是检测人员的素质。目前，高应变分析软件已基本完善，在检测信号质量有保证的前提下，即使不采用较为复杂的分析计算，也能对桩的承载性状及相关的动力学特性有一个初步的认识，为进一步的力学模型及参数选择和最终拟合计算提供重要参考，当然，做到这一点的前提是检测人员除了掌握必要的基础理论和专业知识外，还要有丰富的检测实践经验。

9.4.5 采用实测曲线拟合法评判单桩竖向抗压承载力，应符合下列规定：

1 采用的力学模型应与被检桩的工程实际情况相符。

2 拟合使用的土参数应在岩土工程的合理范围内，所用土的最大弹性变形值应合理，且不得超过相应桩单元的最大计算位移。

3 曲线拟合长度在 t_1+2L/c 时刻后的延续时间不应少于 20ms，对于柴油锤沉桩信号，在 t_1+2L/c 时刻后的延续时间不应少于 30ms。

4 拟合结束时，土阻力响应区的计算曲线与实测曲线应吻合，其他拟合区段应基本吻合。

5 贯入度的计算值应与实测值基本一致。

条文说明

实测曲线拟合法的基本原理是将现场高应变法采集的力和速度时程曲线和波动方程结合起来，将桩划分为若干个单元，假定各桩单元的计算模型和土的计算模型，具体拟合时预先假定各个单元体的计算参数，用实测速度（或力、上行波、下行波）曲线为边界条件求解波动方程，反算桩顶力（或速度、下行波、上行波）曲线，使计算波形曲线与实测波形曲线吻合程度良好，若二者吻合程度不满足要求，则重新调整原假定参数，反复迭代计算，直至两者吻合程度达到要求为止，由此得出的桩的承载力和阻尼系数等被认为是正确的。虽然从原理上讲，这种方法是客观唯一的，但由于参数较多，用不同的参数及模型组合可能会计算出同一结果，所以，本条第1、2款针对该方法具体应用时需注意的关键技术问题进行了规定。

规定延续时间主要有两个原因：一是与位移相关的总静阻力一般会不同程度地滞后 $2L/c$ 发挥，增加延续时间的原则是使曲线拟合段能包含土阻力响应区段的全部信息，一般不少于 $3L/c$ 和30ms中的较大者；二是自由落锤产生的力脉冲持续时间通常不超过20ms，但柴油锤锤击信号在主峰后的尾部仍能产生较长的低幅值延续。

规定拟合结束时的曲线要求，是为了避免在根据实测曲线进行具体模拟时只重视头尾，不重视中间土阻力响应区拟合质量的错误做法。

9.4.6 桩身完整性评判可采用下列方法：

1 桩身缺陷位置宜用实测力波与速度波相比较的方法或分离上、下行波的方法，也可通过实测曲线拟合法确定。

2 对于等截面桩，桩身完整性可按表9.4.6的规定并结合经验判定；桩身完整性系数 β 值和桩身缺陷位置 x 应分别按式（9.4.6-1）、式（9.4.6-2）计算：

$$\beta=\frac{[F(t_1)+Z\cdot v(t_1)]-2\Delta R+[F(t_x)-Z\cdot v(t_x)]}{[F(t_1)+Z\cdot v(t_1)]-[F(t_x)-Z\cdot v(t_x)]} \tag{9.4.6-1}$$

$$x=\frac{t_x-t_1}{2\,000}c \tag{9.4.6-2}$$

式中：t_x——缺陷反射速度波峰值对应的时刻（ms）；

ΔR——缺陷以上部位土阻力的估计值（kN），其值等于缺陷反射起始点处的实测力与桩身材料阻抗乘以速度的差值，如图9.4.6所示；

x——传感器安装截面至缺陷处的距离（m）。

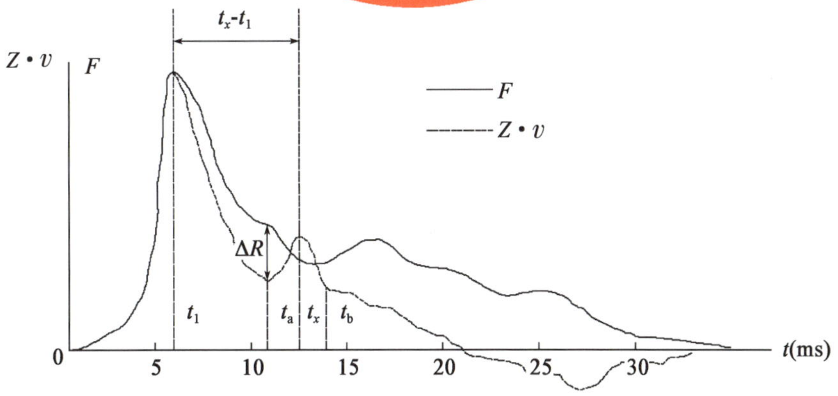

图9.4.6 桩身完整性系数计算

3　对等截面单节预制桩，当桩身完整性系数$\beta=1$时，应评判为Ⅰ类桩；对多节预制桩及灌注桩，应结合预制桩接桩工艺、灌注桩成孔质量检测结果和施工因素，并参考表9.4.6综合评判。

表9.4.6　桩身完整性判定

桩身完整性类别	β值	桩身完整性类别	β值
Ⅰ	$0.95<\beta\leq1.00$	Ⅲ	$0.60\leq\beta<0.80$
Ⅱ	$0.80\leq\beta\leq0.95$	Ⅳ	$\beta<0.60$

条文说明

本条给出了利用高应变法判别桩身缺陷位置的几种常用方法。其中最常用的方法是实测力波与速度波相比较的方法，该法不仅直观，而且可在试验现场分析或在沉桩监控中实时判别；分离上、下行波的方法由于要对实测曲线进行处理之后才能判断，因而一般只在后续数据处理分析时使用，但该法对缺陷位置的把握更清楚。

式（9.4.6-1）是通过桩身完整性系数β值判断桩身缺陷程度的计算公式，适用于桩身截面相对比较均匀的桩。利用式（9.4.6-1）不能判断缺陷的具体性质，实际判别时需结合桩型、桩身材质、土层情况、施工工艺及施工记录、接头形式和位置等综合考虑。表9.4.6中的桩身完整性系数β值是依据式（9.4.6-1）根据实测波形计算得到的，而实测波形会受到各种因素的影响，如灌注桩截面不均匀、预制桩接桩位置、实测波形中的高频信号（钢管桩尤为明显）、土层引起的波反射等，因而，应用表9.4.6时需根据具体情况综合判断。

9.4.7　当出现下列情况之一时，应按工程地质条件、施工工艺和施工记录，采用实测曲线拟合法或其他检测方法综合评判桩身完整性：

1　混凝土灌注桩桩身有扩径、截面渐变或多变；

2　桩身存在多处缺陷；

3　桩身浅部存在缺陷；

4　力曲线在上升沿上升缓慢，力和速度曲线在上升沿出现异常。

条文说明

实测曲线拟合法由于对桩进行了离散化，拟合时可以根据被检桩的成桩工艺，采用桩身阻抗拟合或桩身裂隙（包括混凝土预制桩的接桩缝隙）拟合，因而适用于桩身情况复杂、有多个缺陷位置的桩。

因为高应变锤击波形从起始到峰值的上升时间一般都在2ms以上，所以其对传感器安装以下较浅部位的缺陷难以判断，一般只能依据实测力曲线和速度曲线比例失调的程度来估计浅部缺陷程度，难以给出缺陷的具体位置；当力曲线在上升沿上升缓慢时，会与土阻力存在较多耦合，使其在上升沿出现异常。

9.4.8 锤击能量监测应符合下列规定：

1 桩锤最大动能宜通过实测重锤最大运动速度确定。

2 桩所获得的实际锤击能量可按式（9.4.8）计算：

$$E_n = \int_0^T F \cdot V \mathrm{d}t \tag{9.4.8}$$

式中：E_n——桩所获得的实际锤击能量（J）；

T——采样结束的时刻（s）。

3 锤击额定能量应为锤重乘以锤底与桩顶距离。

4 锤击能量传递比应为桩所获得的实际锤击能量除以锤击额定能量。

5 锤击效率应为桩锤最大动能除以锤击额定能量。

条文说明

式（9.4.8）是根据功率计算实际锤击能量的计算公式，从理论上讲，通过实测力和速度信号就可以计算了，实际操作时，如果传感器安装在桩侧，当桩侧土在浅部产生较强的侧阻反射波或桩长较短使得桩端反射与锤击力信号产生叠加效应时，由该式计算所得的实际锤击能量将存在偏差。为了减少由此造成计算桩锤锤击效率的偏差，在条件许可时，一般采用在桩锤上直接安装加速度传感器实测锤击时桩锤的最大速度值，通过该最大速度值和桩锤质量计算桩锤的最大动能，并由此与锤击额定能量相比来计算桩锤的锤击效率。

9.4.9 检测报告除应符合本规程第3.6节的规定外，尚应包括下列内容：

1 被检桩与对应地质柱状图的相对位置；

2 被检桩的施工概况：对于灌注桩应提供成桩方法、充盈系数，宜提供成孔质量检测结果；对于预制桩应提供锤的型号或压机型号、最后10击贯入度或最后的压桩力；

3 计算中实际采用的桩身波速；

4 选用的各单元桩土模型参数、土阻力沿桩身的分布图；

5 实测贯入度；

6 试沉桩和沉桩监控所采用的桩锤型号、垫层类型，监测所得锤击数、桩侧阻力、桩端静阻力、锤击拉应力和压应力、桩身完整性及能量传递比随入土深度的变化。

10 超声波法

10.1 一般规定

10.1.1 超声波法包括跨孔声波透射法和单孔声波折射法。

10.1.2 跨孔声波透射法适用于检测直径不小于800mm的混凝土灌注桩的完整性，评判桩身缺陷的位置、范围和程度；单孔声波折射法适用于辅助评判缺陷的位置、范围和程度。

条文说明

10.1.1、10.1.2 在桩身预埋一定数量的声测管，通过水的耦合，超声波从一根声测管中发射，在另一根声测管中接收，或单孔中发射并接收，可以测出被测混凝土介质的声学参数。由于超声波在混凝土中遇到缺陷时会产生绕射、反射和折射，因而到达接收换能器时声时、波幅及主频发生了改变。超声波法就是利用这些声波特征参数来判别桩身的完整性，评定桩身缺陷的位置、范围和程度，但由于受混凝土的配合比、原材料因素的影响，声参量并未与混凝土的强度建立良好的已知对应关系，不能用于推测桩身混凝土强度。

对于跨孔声波透射法，当桩径较小时，声测管间距也较小，其测试误差相对较大，同时预埋声测管也易引起附加的灌注桩施工质量问题。因此，本规程规定跨孔声波透射法用于桩径不小于800mm的灌注桩。

单孔声波折射法是根据公路桥梁对基桩的质量要求，检测钻芯孔孔壁周围的混凝土质量，由于其对单桩的检查范围不如透射法大，一般作为一种钻芯检测后了解芯样周围混凝土质量的补充手段。

10.2 检测仪器设备

10.2.1 检测仪器系统应由径向换能器、声波发射、接收放大、数据采集、数据处理、显示及存储等部分组成。

条文说明

检测仪器系统的组成是根据其检测的功能要求而定的，对采集、处理和存储的要求是为了提升现场检测、后续数据分析及报告编写的效率。

10.2.2 检测仪应具有波形实时显示和声参量自动判读功能。当采用单孔声波折射法检测时，应具有一发双收功能。

条文说明

当采用单孔声波折射法时需要一发双收功能，实时显示波形和声参量自动判读功能，这是为了提高现场检测及室内数据处理的工作效率，保证检测结果的准确性。

10.2.3 声波发射应采用高压脉冲激振，其波形为阶跃脉冲或矩形脉冲，脉冲电压宜为250～1 000V，且分档可调。

条文说明

声波发射电压在一定范围内的大小决定了声波发射的能量大小，影响声波的穿透距离，过大会造成首波削波、过小会造成信号弱，影响声参量的测量结果，通常根据测距及混凝土情况进行调整。

10.2.4 接收放大与信号采集应符合下列规定：

1 接收放大器的频带宽度为5～200kHz，增益分辨率不低于0.1dB，噪声有效值不大于10μV；仪器动态范围不小于100dB，测量允许误差小于1dB。

2 声时测量范围大于2 000μs，声时分辨率优于1μs，声时测量误差优于2%。

3 采集器模-数转换不低于8bit，采样频率不小于10MHz，最大采样长度不小于8kB。

条文说明

检测换能器的接收信号主频一般为几十千赫兹，为了避免低频噪声干扰造成信号的波动，引起误判或漏判，同时避免频带过宽带来的噪声干扰加大，影响仪器对弱信号的接收能力，规定了频带范围、噪声有效值；为了准确获取波幅参量，规定了与该值测量相关的指标；为了准确测量声速，规定了与声时测量相关的指标。

10.2.5 径向换能器应符合下列规定：

1 径向水平面应无指向性。

2 谐振频率选用宜大于25kHz。

3 在1MPa水压下应能正常工作。

4 收、发换能器的导线均应有长度标注，其标注允许偏差不应大于10mm。

5 接收换能器宜带有前置放大器，频带宽度宜为5～60kHz。

6 单孔检测采用一发双收一体型换能器，其中发射换能器至接收换能器的最近距离不应小于300mm，两接收换能器的间距宜为200mm。

条文说明

换能器的谐振频率越高，对缺陷的分辨率越高，但高频声波在介质中衰减快，有效测距变小。选配换能器时，在保证有一定的接收灵敏度的前提下，原则上尽可能选择较高频率的换能器，但因声波发射频率的提高，将使声波穿透能力下降，所以仍推荐目前普遍采用的5～60kHz的谐振频率范围。

基桩中的声波检测一般以水作为耦合剂，换能器的水密性指标规定为1MPa，满足大部分长度小于100m的工程桩的检测要求，但对于信号线的长度超过100m的换能器，一般同比提高其水密性指标的要求，保证其安全可靠。

换能器导线的长度标注的准确性会影响缺陷部位在深度方向的定位及桩长测量结果的准确性，而导线在使用一段时间后会因为变形等原因造成不准，因此需要定期对换能器导线的长度进行标定和修正。

当测距较大、接收信号较弱时，也可选用带前置放大器的接收换能器，或采用低频换能器，提高仪器的有效测量距离。

10.3 现场检测技术

10.3.1 声测管的埋设应符合下列规定：

1 当桩径小于1 000mm时，应埋设2根管；当桩径大于或等于1 000mm且小于或等于1 600mm时，应埋设3根管；当桩径大于1 600mm且小于2 500mm时，应埋设4根管；当桩径大于或等于2 500mm时，应增加声测管的数量。

2 声测管应采用金属管，壁厚不应小于2mm，其内径应比换能器外径至少大15mm，金属管宜采用螺纹连接或套管焊接等工艺，且不渗漏。

3 声测管应牢固焊接或绑扎在钢筋笼的内侧，均匀布置，且互相平行、定位准确，并埋设至桩底，管口宜高出混凝土顶高程100mm。

4 声测管管底应封闭，管口应加盖。管底、管口及各连接部位应密封。

条文说明

在声波透射法检测中，超声波特征值与收、发检测管间连线两边窄带区域（声测剖面）的混凝土质量密切相关。当灌注桩的直径增大时，每组声测管间超声波的混凝土检测范围占桩截面积比例减小，不能反映桩身截面混凝土的整体质量状况，因此，声测管的数量及布置方法决定了桩身混凝土设计的检测面积和检测范围，对直径大的桩应增加声测管的数量，当直径大于 2 500mm 时，建议埋设的声测管数量能使得声测管理论中心距不大于 1 800mm。

检测管的内径一般比换能器外径至少大 15mm，是为了便于换能器在管中上下移动。当对换能器加设定位器时，检测管内径可比换能器外径大 20mm。公路基桩大多数是大桩、长桩，由于混凝土的水化热作用及钢筋笼安放和混凝土浇注过程存在较大的作用力，容易造成声测管变形、断裂，从而影响检测工作的顺利进行。因此，声测管应采用金属管。

声测管布置示意图如图 10-1 所示。

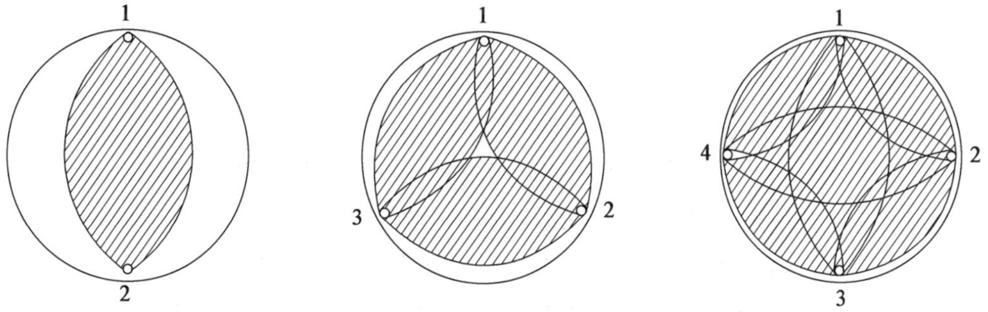

图 10-1　声测管布置示意图

由于声测管间距随深度的变化难以确定，各深度处的声速只能采用两根声测管在桩顶处的间距来计算。应将声测管埋设得相互平行，同时保证在下钢筋笼的过程中，声测管固定牢固不脱开，否则会给分析判断带来误差；在安装三根或四根声测管时，若混凝土浇灌条件许可，在埋设每段声测管时测量管距，并焊接等长水平撑杆加以固定；在焊接检测管时，为避免产生混凝土漏浆和因焊渣造成管内堵塞问题，检测管一般不采用对焊方法连接。为了检测桩底的沉淀情况及核验实际桩长，声测管埋设至桩底（接触原状地层）。

10.3.2　检测前的准备应符合下列规定：

1　应标定超声波检测仪发射至接收的系统延迟时间 t_0。

2　声测管内灌满清水，且保证换能器应能在声测管中升降畅通。

3　应准确测量声测管的管径和壁厚，测量精度为 ±0.1mm；测量桩头处声测管外壁相互之间距离，测量精度为 ±1mm。

4　取芯孔作为超声波法的检测通道时，其垂直度误差不应大于 0.5%，检测前应进行孔内清洗。

5　声测管的编号宜以路线前进方向的顶点为起始点，按顺时针旋转方向进行编号和分组，每二根编为一组。

6　在检测开始前或检测过程中，应避免如强的电流、磁场或与检测信号频率相当的其他振动干扰。

条文说明

换能器从发射至接收系统产生的系统延迟时间为 t_0，其测试方法如下：将发、收换能器平行置于清水中的同一高度，其中心间距从400mm左右、以100mm的间距开始逐次加大两换能器之间的距离，同时测量与之相应的声时；再分别以纵、横轴表示间距和声时作图，在声时横轴上的截距即为 t_0，也可用线性回归的方法计算出 t_0。为保证测试精度，两换能器间距的测量误差不大于0.5%，测量点不少于5个。

浑浊水将加大声波衰减和延长传播时间，继而给声波检测结果带来误差。因此，检测时应先冲洗声测管并灌满清水。

根据公路工程的特点和便于了解桩身缺陷存在的方位，本规程规定声测管编号规则。

10.3.3 检测方法应符合下列规定：

1 测点间距不应大于250mm。发射与接收换能器应以相同高程同步升降，其累计相对高差不应大于20mm，并随时校正。

2 在对同一根桩的检测过程中，声波发射电压和仪器参数设置等应保持不变。

3 检测过程中应读取并存储各测点的声参量，同时应存储各测点包含首波的波形或波列。

4 对于声时值和波幅值出现明显异常的部位，应采用加密平测、双向斜测或扇形扫测进行局部细测，确定桩身混凝土缺陷的位置、大小和严重程度；上述细测的测点间距不应大于100mm；局部斜测时两支换能器发射、接收部分的中心连线与水平面的夹角不应小于30°。也可利用CT技术进行扫测和数据分析。

条文说明

在声波透射法检测中，随时校准收、发换能器所在的深度是否相同，以避免由于过大的相对高差而产生较大的测试误差。为防止漏检桩身混凝土的缺陷，上、下相邻两测点的间距不应大于250mm。

声时和波幅是声波透射法检测混凝土灌注桩质量中的两个重要指标，其中波幅对混凝土内部缺陷的反应往往比声时更具敏感性。在实际检测中，波幅是一个相对量，为了使不同位置处的检测数据具有可比性，在同一根桩的检测过程中，声波发射电压及仪器参数应恒定。

对可疑缺陷的细测有水平加密、双向斜测和扇形扫测三种方法。其中水平加密细测是基本方法，而目前因自动深度记录及声参量采集的设备大量应用，水平同步测试的测点间距一般较小，对于水平测试时测点间距不大于100mm的情况，无加密测试的必要；而双向斜测或扇形扫测主要用于确定缺陷在径向的位置和大小，对于桩身完整性分类的判定十分重要，在平测后对平测数据异常的区域进行初步分析，如初步判断该桩有可能判为Ⅲ类、Ⅳ类或在Ⅱ类、Ⅲ类之间时，应做双向斜测或扇形扫测（桩底沉淀和桩头低强区除外)，以便为后续判断提供准确依据；其发、收换能器连线的水平夹角越大，斜测法对缺陷径向范围的分辨力越高，但考虑到换能器在深度方向的指向性存在，一般为30°以上即可。CT技术的应用需要专门的分析软件，虽然不作强制推行，但提倡有条件的检测单位将其作为桩身缺陷定量分析的方法使用。

10.4 检测数据分析与评判

10.4.1 声时的修正值应按式（10.4.1）计算：

$$t' = \frac{D-d}{v_t} + \frac{d-d'}{v_w} \tag{10.4.1}$$

式中：t'——声时修正值（μs）；

D——声测管外径（mm）；

d——声测管内径（mm）；

d'——换能器外径（mm）；

v_t——声测管壁厚度方向声速值（km/s）；

v_w——水的声速值（km/s）。

条文说明

对钢质声测管，声速一般取6 000m/s；20℃时水的声速一般取1 480m/s。

10.4.2 声时、声速和声速平均值应按式（10.4.2-1）~式（10.4.2-3）计算：

$$t = t_i - t_0 - t' \tag{10.4.2-1}$$

$$v_i = \frac{l}{t} \tag{10.4.2-2}$$

$$v_m = \sum_{i=1}^{n} \frac{v_i}{n} \tag{10.4.2-3}$$

式中：t——声波在混凝土中的传播时间（简称声时，μs）；

t_i——超声波第 i 测点声时值（μs）；

t_0——声波检测系统延迟时间（μs）；

v_i——第 i 个测点声速值（km/s）；

l——两根声测管外壁间的距离（mm）；

v_m——声速平均值（km/s）；

n——测点数。

10.4.3 单孔折射法的数据应按下列方式计算、处理：

1 声时差、声速值应按式（10.4.3-1）、式（10.4.3-2）计算：

$$\Delta t = t_2 - t_1 \tag{10.4.3-1}$$

$$v_i = \frac{h}{\Delta t} \tag{10.4.3-2}$$

式中：v_i——第 i 测点的声速值（km/s）；

Δt——两个接收换能器间的声时差（μs）；

t_1——近道接收换能器声时（μs）；

t_2——远道接收换能器声时（μs）；

h——两个接收换能器间的距离（mm）。

2 声速平均值 v_m 应按式（10.4.2-3）计算。

3 声速数据处理方法及评判应按本规程第 10.4.6 ~ 10.4.8 条处理。

4 波幅为最下端接收换能器的接收信号幅度，波幅的数据处理及评判应按本规程第 10.4.9 条处理。

10.4.4 PSD 值应按式（10.4.4）计算：

$$\mathrm{PSD} = \frac{(t_i - t_{i-1})^2}{z_i - z_{i-1}} \tag{10.4.4}$$

式中：PSD——声时-深度曲线上相邻两点连线的斜率与声时差的乘积（$\mu s^2/m$）；

t_i——第 i 个测点声时值（μs）；

t_{i-1}——第 $i-1$ 个测点声时值（μs）；

z_i——第 i 个测点深度（m）；

z_{i-1}——第 $i-1$ 个测点深度（m）。

10.4.5 应绘制被测桩各剖面的声速-深度曲线、波幅-深度曲线、PSD-深度曲线。

10.4.6 声速数据处理应符合下列规定：

1 当声测管倾斜造成声速-深度曲线在一定深度范围内缓慢上升或下降而波幅基本不变时，可对管距进行合理修正后对数据进行统计分析。对存在堵管现象而无法测试的部分，不应做整桩完整性评判。

2 应将剖面各声测点的声速值 v_i 由大到小依次排序，见式（10.4.6-1）：

$$v_1 \geqslant v_2 \geqslant \cdots v_{k'} \geqslant \cdots v_{i-1} \geqslant v_i \geqslant v_{i+1} \geqslant \cdots v_{n-k} \geqslant \cdots v_{n-1} \geqslant v_n \tag{10.4.6-1}$$

式中：v_i——第 i 测点的声速（km/s），$i = 1, 2, \cdots\cdots, n$；

n——剖面的测点总数；

k——拟去掉的低声速值的数据个数，$k = 0, 1, 2, \cdots\cdots$；

k'——拟去掉的高声速值的数据个数，$k' = 0, 1, 2, \cdots\cdots$。

3 应对逐一去掉 v_i 中 k 个最小数值和 k' 个最大数值后的其余数据进行统计计算，见式（10.4.6-2）~式（10.4.6-6）：

$$v_{01} = v_m - \lambda \cdot s \tag{10.4.6-2}$$

$$v_{02} = v_m + \lambda \cdot s \tag{10.4.6-3}$$

$$v_{\mathrm{m}}=\frac{1}{n-k-k'}\sum_{i=k'+1}^{n-k}v_i \qquad (10.4.6\text{-}4)$$

$$s=\sqrt{\frac{1}{n-k-k'-1}\sum_{i=k'+1}^{n-k}(v_i-v_{\mathrm{m}})^2} \qquad (10.4.6\text{-}5)$$

$$C_{\mathrm{v}}=\frac{s}{v_{\mathrm{m}}} \qquad (10.4.6\text{-}6)$$

式中：v_{01}——剖面的声速异常小值判断值（km/s）；

v_{02}——剖面的声速异常大值判断值（km/s）；

v_{m}——（$n-k-k'$）个数据的平均值（km/s）；

s——（$n-k-k'$）个数据的标准差（km/s）；

C_{v}——（$n-k-k'$）个数据的变异系数；

λ——由表 10.4.6 查得的与（$n-k-k'$）相对应的系数。

表 10.4.6　统计数据个数（$n-k-k'$）与对应的 λ 值

$n-k-k'$	10	11	12	13	14	15	16	17	18	19
λ	1.28	1.33	1.38	1.43	1.47	1.50	1.53	1.56	1.59	1.62
$n-k-k'$	20	22	24	26	28	30	32	34	36	38
λ	1.64	1.69	1.73	1.77	1.80	1.83	1.86	1.89	1.91	1.94
$n-k-k'$	40	42	44	46	48	50	52	54	56	58
λ	1.96	1.98	2.00	2.02	2.04	2.05	2.07	2.09	2.10	2.11
$n-k-k'$	60	62	64	66	68	70	72	74	76	78
λ	2.13	2.14	2.15	2.17	2.18	2.19	2.20	2.21	2.22	2.23
$n-k-k'$	80	82	84	86	88	90	92	94	96	98
λ	2.24	2.25	2.26	2.27	2.28	2.29	2.29	2.30	2.31	2.32
$n-k-k'$	100	105	110	115	120	125	130	135	140	145
λ	2.33	2.34	2.36	2.38	2.39	2.41	2.42	2.43	2.45	2.46
$n-k-k'$	150	160	170	180	190	200	220	240	260	280
λ	2.47	2.50	2.52	2.54	2.56	2.58	2.61	2.64	2.67	2.69
$n-k-k'$	300	320	340	360	380	400	420	440	470	500
λ	2.72	2.74	2.76	2.77	2.79	2.81	2.82	2.84	2.86	2.88
$n-k-k'$	550	600	650	700	750	800	850	900	950	1000
λ	2.91	2.94	2.96	2.98	3.00	3.02	3.04	3.06	3.08	3.09
$n-k-k'$	1 100	1 200	1 300	1 400	1 500	1 600	1 700	1 800	1 900	2 000
λ	3.12	3.14	3.17	3.19	3.21	3.23	3.24	3.26	3.28	3.29

4　应按 $k=0$、$k'=0$、$k=1$、$k'=1$、$k=2$、$k'=2$…的顺序，将参加统计的数列最小数据 v_{n-k} 与异常判断值 v_{01} 进行比较，当 $v_{n-k}\leqslant v_{01}$ 时，则去掉最小数据；将最大数据 $v_{k'+1}$ 与 v_{02} 进行比较，当 $v_{k'+1}\geqslant v_{02}$ 时去掉最大数据，每次剔除一个数据，对剩余数据构成的数列重复式（10.4.6-2）~式（10.4.6-5）的计算步骤，直到式（10.4.6-7）、式（10.4.6-8）

成立：

$$v_{n-k} > v_{01} \tag{10.4.6-7}$$

$$v_{k'+1} < v_{02} \tag{10.4.6-8}$$

5 剖面各测点的声速异常判断概率统计值应按式（10.4.6-9）确定：

$$v_0 = \begin{cases} v_m (1-0.015\lambda) & \text{当 } C_v < 0.015 \text{ 时} \\ v_{01} & \text{当 } 0.015 \leqslant C_v \leqslant 0.045 \text{ 时} \\ v_m (1-0.045\lambda) & \text{当 } C_v > 0.045 \text{ 时} \end{cases} \tag{10.4.6-9}$$

式中：v_0——剖面各测点声速异常判断概率统计值。

条文说明

当声测管倾斜时，声测管弯曲部分各测点测距将偏离在桩头的测量值，导致声速值偏离混凝土声速正常取值，一般这种变化沿深度方向有一定规律，表现为仅有声速值有规律地偏离（高或低）混凝土正常取值，此时一般采用曲线拟合等方法对各条测线测距作合理修正，然后重新计算各测点的声速。

如果不对声测管倾斜进行合理的修正，将严重影响声速临界值的合理取值，因此本条规定声测管倾斜时可作测距修正。但是，对于各测点声速值的偏离沿深度方向无变化规律的，不得随意修正。因堵管导致数据不全的，只能对有效检测范围内的桩身进行评判，不得进行整根桩的完整性评判，此时一般采用取芯法、低应变反射波法等其他适用的方法进行检测和评判。

在正常情况下剖面各测点的声速测试值近似服从正态分布规律。但是，由于桩身混凝土在成型过程中，环境条件的影响或人为过失的影响或测试系统的误差等都将会导致 n 个测试值中的某些值偏离正态分布规律，在计算某一剖面声速临界值时，剔除偏离正态分布的测点，然后对剩余的服从正态分布规律的测点数据进行统计计算。

计算剖面声速临界值时采用了双边剔除法。一方面，桩身混凝土硬化条件复杂、混凝土粗细集料不均匀、桩身缺陷、声测管耦合状况的变化、测距的变异性（将桩顶面的测距设定为整个检测剖面的测距）、首波判读的误差等因素可能导致某些测点的声速值向小值方向偏离正态分布。另一方面，混凝土离析造成的局部粗集料集中、声测管耦合状况的变化、测距的变异性、首波判读的误差，以及部分测点可能存在声波沿环向钢筋的绕射等因素，也可能导致某些测点声速测值向大值方向偏离正态分布，这也属于非正常情况，在声速临界值的计算时也需要剔除，否则两边的数据不对称，加剧剩余数据偏离正态分布，影响正态分布特征参数 v_m 和 s 的推定。

双边剔除法是按照下列顺序逐一剔除：（1）异常小，（2）异常大，（3）异常小，……，每次统计计算后只剔一个，每次异常值的误判次数均为1，没有改变原规范的概率控制条件。

在实际计算时，先将某一剖面 n 个测点的声速测试值从大到小排列为一数列，计算这 n 个测试值在正常情况下（符合正态分布规律）可能出现的最小值 $v_{01}=v_m-\lambda \cdot s$ 和

最大值 $v_{02}=v_m+\lambda\cdot s$，依次将声速数列中大于 v_{02} 或小于 v_{01} 的数据逐一剔除（这些被剔除的数据偏离了正态分布规律），再对剩余数据构成的数列重新计算，直至式（10.4.6-7）和式（10.4.6-8）同时满足，此时认为剩余数据全部服从正态分布规律。v_{01} 就是判断声速异常的概率法统计值。

桩身混凝土均匀性采用离差系数 $C_v=s/v_m$ 评判。

当桩身混凝土质量稳定，声速测试值离散小时，由于标准差 s 较小，可能导致临界值 v_{01} 过高从而导致误判；另一方面当桩身混凝土质量不稳定，声速测试值离散大时，由于标准差 s 过大，可能会导致临界值 v_{01} 过小从而导致漏判。为尽量减小出现上述两种情况的概率，对变异系数 C_v 作了限定。

10.4.7 剖面的声速临界值应按下列方法确定：

1 应根据预留同条件混凝土试件或钻芯法获取的芯样试件的抗压强度与声速对比试验，结合本地区经验，分别确定桩身混凝土声速的低限值 v_L 和平均值 v_p。

2 当 $v_L<v_0<v_p$ 时，检测剖面的声速异常判断临界值 $v_c=v_0$。

3 当 $v_0\leqslant v_L$ 或 $v_0\geqslant v_p$ 时，应分析原因，v_c 的取值可参考同一桩的其他检测剖面的声速异常判断临界值，或同一工程相同桩型的混凝土质量较稳定的被检桩的声速异常判断临界值，进行综合确定。

条文说明

概率法考察的只是各测点声速与相应检测剖面内所有测点声速平均值的偏离程度。当声测管倾斜或桩身存在多个缺陷时，同一检测剖面内各条声测线声速值离散很大，这些声速值实际上已严重偏离了正态分布规律，此时，不能将概率法临界值 v_0 作为该检测剖面各声测线声速异常判断临界值 v_c，本条第2款就是对概率法判据值作合理的限定。

同一桩型是指施工工艺相同、工程地质条件相近、混凝土的设计强度和配合比相同的桩。

10.4.8 声速异常时的临界值判据为 $v_i\leqslant v_c$，当此判据成立时，测点的声速可判定为异常，并应将其作为可疑缺陷区。

10.4.9 波幅临界值应按式（10.4.9-1）、式（10.4.9-2）计算。当测点的波幅值小于波幅临界值时，应将其作为可疑缺陷区。

$$A_D=A_m-6 \tag{10.4.9-1}$$

$$A_m=\sum_{i=1}^{n}A_i/n \tag{10.4.9-2}$$

式中：A_D——波幅临界值（dB）；

A_m——波幅平均值（dB）；

A_i——第 i 个测点波幅值（dB）；

n——测点数。

10.4.10 当 PSD 值在某测点附近变化明显时，应将其作为可疑缺陷区。

条文说明

PSD 法是基于缺陷处声速的变化，引起声速-深度曲线的斜率明显增大，而声时差的大小又与缺陷程度密切相关，两者之积对缺陷的反映将更加明显，因此，它能反映缺陷的位置及位置的上、下边界。用 PSD 判断还可以减少声测管埋设不平行造成的声时变化对缺陷判断的不利影响，但由于对变化与缺陷对应关系的量化程度研究不足，因此现在还无法做出定量的规定。

10.4.11 被测桩的桩身完整性类别可根据各剖面可疑缺陷区的分布、可疑缺陷区域测点的声参量偏离正常值的程度和接收波形变化情况，结合桩型、地质情况、成桩工艺等因素，按表 10.4.11 进行评判。

表 10.4.11 桩身完整性判定表

完整性类别	测点的声参量和波形特征
Ⅰ	所有测点声学参数正常，接收波形正常； 个别测点的多个声参量轻微异常，但此类测点离散，接收波形基本正常或个别测点波形轻微畸变； 多个测点的个别声参量轻微异常，其他声参量正常，但空间分布范围小，接收波形基本正常或个别测点波形轻微畸变
Ⅱ	一个或多个剖面上多个测点的多个声参量轻微异常，在深度和径向形成较小的区域，多个测点接收波形存在明显畸变，其中个别测点的声速低于低限值； 一个或多个剖面上多个测点的个别声参量明显异常，其他声参量轻微异常，在深度和径向形成较小的区域，多个测点的接收波形存在明显畸变，其中个别测点的声速低于低限值
Ⅲ	某一深度范围内，一个或多个剖面上多个测点的多个声参量明显异常，在深度或径向形成较大的区域，多个测点接收波形存在严重畸变或个别测点无法检测到首波，其中多个测点的声速低于低限值； 一个或多个剖面上多个测点的个别声参量异常严重，其他声参量明显异常，在深度或径向形成较大的区域，多个测点接收波形存在严重畸变或个别测点无法检测到首波，其中多个测点的声速低于低限值
Ⅳ	某一深度范围内，多个剖面上的多个测点的个别或多个声参量异常严重，在深度或径向形成很大区域，波形严重畸变或无法检测到首波，较多测点的声速低于低限值

条文说明

综合考虑桩身缺陷的分布（深度及径向尺寸大小）、声参量偏离正常值的程度、接收波形的变化，对桩身完整性类别进行判定，体现了超声波法的定性研究成果的特点。

其中空间分布范围大小的判定是一个相对的概念，是缺陷的几何尺寸与桩径、桩长等几何参数相比较的结果。声参量偏离程度也是和该桩所用原材料、配合比、管距、检测设备类似的无缺陷桩的声参量相比较，因此经验数据的统计，对于评判被检桩十分重要。

结合桩型、地质情况和成桩工艺等因素综合判定，使检测的结果更能符合本规程表3.5.1的规定，同时对归类于Ⅲ类、Ⅳ类的桩，要充分考虑其现状是否能满足设计的要求，避免过严或过松。

10.4.12 检测报告除应符合本规程第3.6节的规定外，尚应包括下列内容：

1 每根被检桩各剖面的声速-深度、波幅-深度和PSD值-深度等曲线，并标记各自的临界值，整桩波速、波幅的平均值；

2 缺陷状况和严重程度的分析说明；

3 对于Ⅲ类、Ⅳ类桩的报告还应附其缺陷区域的双向斜测或扇形扫测结果的声阴影图。

11 钻孔取芯法

11.1 一般规定

11.1.1 钻孔取芯法适用于检测混凝土灌注桩的桩长、桩身混凝土强度、桩底沉淀厚度、桩身缺陷及其位置、桩端岩土性状。

条文说明

钻孔取芯法是检测混凝土灌注桩成桩质量的一种有效手段，不受场地条件的制约，特别适用于大直径混凝土灌注桩的成桩质量检测。钻孔取芯法的主要目的有5个：

(1) 验证施工记录的桩长是否真实。

(2) 桩身混凝土强度是否满足设计要求。

(3) 桩底沉淀厚度是否符合设计或规范的要求。

(4) 桩身的缺陷长度及其位置。

(5) 桩端持力层的岩土性状和厚度是否符合设计要求。

但若被检桩长径比较大时，成桩垂直度和钻孔取芯的垂直度都很难控制，钻芯孔容易偏离桩身，故要求受检灌注桩桩径不宜小于800mm，长径比不宜大于40。

11.2 检测仪器设备

11.2.1 钻孔取芯应采用液压操纵的钻机。钻机设备参数应符合下列规定：

1 额定最高转速不低于790r/min。

2 转速调节范围不少于4挡。

3 额定配用压力不低于1.5MPa。

4 水泵的排水量选用50～160L/min，泵压为1.0～2.0MPa。

11.2.2 钻机应配备单动双管钻具及相应的孔口管、扩孔器、卡簧、扶正稳定器和可捞取松软渣样的钻具。钻杆应顺直，直径宜为50mm。

条文说明

11.2.1、11.2.2 钻芯设备应具有产品合格证。钻机应采用岩芯钻探用的液压钻机，并配有相应的钻塔和牢固的底座，机械技术性能良好，不得使用立轴旷动过大的钻机。

孔口管、扩孔器、卡簧、扶正稳定器及可捞取松散渣样的钻具等根据需要选用。桩较长时，需使用扶正稳定器确保钻芯孔的垂直度。

11.2.3 钻头应根据混凝土设计强度等级选用合适粒度、浓度、胎体硬度的金刚石钻头，且外径不宜小于100mm，当被检桩混凝土集料最大粒径小于30mm时，可选用外径为91mm的钻头；不检测混凝土抗压强度时，可选用外径为76mm的钻头。钻头胎体不得有肉眼可见的裂纹、缺边、少角、倾斜及喇叭口变形。

条文说明

为确保芯样质量，除采用符合要求的钻机外，还需采用合适的钻头。开孔一般用合金慢速钻进，正常钻进一般采用金刚石钻头，保证快速切割，减少对芯样的扰动。

芯样试件直径一般不小于混凝土集料表观最大粒径的3倍，在任何情况下不小于集料最大粒径的2倍，否则芯样试件的抗压强度离散性会较大，不利于混凝土强度的评判。一般选用外径为101mm和110mm的钻头。

11.2.4 锯切芯样试件用的锯切机应具有冷却系统和牢固夹紧芯样的装置，配套使用的圆锯片应有足够的刚度。

条文说明

为把芯样加工成符合试验要求的试件，一般采用锯切方法，芯样需用夹紧装置固定。锯切用的圆锯片，也要采用金刚石锯片。

11.2.5 芯样端面加工宜采用补平装置或磨平机，芯样应平整，端面应与轴线垂直。

条文说明

芯样试件进行抗压强度试验时，对端面平整度及垂直度有很高的要求，需采用专用的补平装置和磨平机。

11.3 现场检测技术

11.3.1 被检桩的钻芯孔数、钻孔位置和钻入桩底深度应符合下列规定：

1 桩径小于1 200mm的桩不应少于1孔，桩径1 200 ~ 1 600mm的桩不应少于2孔，桩径大于1 600mm的桩不宜少于3孔；仅为确定桩身混凝土强度、桩长、桩端持力层、桩底沉淀时，可为1孔。

2　当钻孔取芯为 1 孔时，宜在距桩中心 100 ~ 150mm 的位置开孔；当钻孔取芯为 2 孔或 2 孔以上时，开孔位置宜在距桩中心（0.15 ~ 0.25）d 内均匀对称布置。

3　对桩端持力层评判的钻探深度应满足设计要求。设计未有明确规定时，1 孔进入桩端持力层深度不宜小于 3 倍桩径，其余钻孔应进入桩端持力层不小于 0.5m。

条文说明

对于验证桩身混凝土强度、桩长、桩端持力层、桩底沉淀的检测，钻芯孔数能满足需要即可；对缺陷桩的验证，一般不能少于规定的孔数。

同时考虑到成桩垂直度和钻芯孔垂直度很难控制，本规程给出了钻芯取样的孔位布置。钻芯孔位置要考虑混凝土桩在浇筑时浇捣不均匀、不同深度或同一深度的不同位置混凝土浇捣质量可能不同、水下浇筑的混凝土在导管附近的混凝土质量相对较差、不具有代表性等情况，需合理布置孔位，才能客观反映桩身混凝土的实际情况。对于验证检测的桩，宜开孔在有疑问的部位。单孔钻芯检测发现桩身混凝土质量问题时，需在同一基桩增加钻孔验证。

为准确确定桩的中心点，保证开孔位置，桩头一般开挖裸露，来不及开挖或不便开挖的桩，由全站仪测定桩位中心。

对设计未有明确桩端持力层的钻孔深度，本规程规定有 1 孔取样深度不宜小于 3 倍桩径，主要考虑岩溶、地下采空区等不良地质条件设计的端承桩，验证基桩桩端持力层情况，对于摩擦桩，钻孔深度进入桩端不小于 0.5m 即可。

11.3.2　钻机设备安装应平稳牢固，底座水平。钻机立轴中心、天轮中心（天车前沿切点）与孔口中心应在同一铅垂线上，钻机在钻芯过程中不得发生倾斜、移位，钻孔垂直度偏差不应大于 0.5%。当桩顶面混凝土与钻机底座的距离较大时，应安装孔口管，孔口管应垂直且牢固。

条文说明

钻机设备安装后，进行试运行，在确认钻进正常后方能开钻。桩顶面与钻机塔座距离大于 2m 时，一般要安装孔口管，开孔一般采用合金钻头、开孔深度为 0.3 ~ 0.5m，后安装孔口管，孔口管安装时严格测量垂直度，然后固定。

11.3.3　钻进过程中，钻孔内循环水流不得中断，应根据回水含砂量及颜色调整水泵水量和钻进速度。

11.3.4　每回次进尺宜控制在 1.5m 内，钻至缺陷处，或下钻速度快的地方，应及时测量钻杆深度，确定缺陷位置；钻至桩底时，应采取适宜的钻芯方法和工艺钻取沉淀、测定沉淀厚度，并对桩端持力层岩土性状进行鉴别；提钻卸取芯样时，应确保芯样完整。

条文说明

钻至桩身缺陷位置时，为检测桩身缺陷位置及程度，采用减压、慢速钻进，若遇钻具突降，立即停钻，及时测量机上余尺，准确记录孔深及有关情况；钻至桩底时，为检测桩底沉淀厚度或桩端持力层为强风化岩层或土层时，一般采用干钻等适宜的钻芯方法和工艺钻取沉淀并测量厚度，对桩端持力层为中、微风化岩石的，将桩底0.5m左右的混凝土芯样与0.5m左右的持力层以及沉淀纳入同一个回次。对缺陷部位的验证取芯，一般取至缺陷位置下不少于1.0m。

对中、微风化岩层的桩端持力层，直接钻取芯样鉴别；对强风化岩层或土层，采用动力触探、标准贯入试验等方法鉴别，试验一般在距桩底0.5m内进行。

11.3.5 钻孔取芯的芯样应按进尺深度由上而下按回次顺序放进芯样箱中，芯样侧面上应清晰标明回次数、块号、本回次总块数，并应按本规程附录D的格式及时记录钻进情况和钻孔异常情况，应对芯样质量做初步描述。钻芯过程中，应对芯样、桩底沉淀及持力层做详细的编录。

条文说明

芯样取出后，自上而下按回次顺序排放，芯样侧面应清晰标明回次数、块号、本回次总块数，及时记录孔号、回次数、起止深度、块数、总块数、芯样质量的初步描述及钻进异常情况。

对桩身混凝土芯样、桩底沉淀及桩端持力层需做详细的编录，对桩身混凝土芯样的描述包括混凝土钻进深度、芯样连续性、完整性、胶结情况、表面光滑情况、端口吻合程度、芯样是否为柱状、集料大小及分布情况，气孔、蜂窝、麻面、沟槽、离析、破碎、夹泥、松散的情况，以及取样编号及位置。

对持力层的描述包括持力层的钻进深度，岩土名称、岩芯颜色、结构构造、裂隙发育程度、坚硬及风化程度，以及取样编号及取样位置，或动力触探、标准贯入试验位置及结果。岩性分层需分层描述。

11.3.6 钻孔取芯结束后，在截取芯样试件之前，应对芯样进行唯一性标识，并拍照。

条文说明

截取芯样试件之前，先对芯样及标识牌拍照。标识牌一般标有工程名称、取芯地点(里程桩号、桥名)、桩号、钻芯孔号、桩长、钻孔孔深、取芯日期、检测机构名称等内容。然后截取芯样试件，取样完毕后，剩余的芯样一般移交委托单位保管。

11.3.7 当单桩质量评判满足设计要求时，应采用 0.5～1.0MPa 压力，从钻芯孔孔底往上用水泥浆回灌封闭，否则应封存钻芯孔口，留待处理。

11.4 芯样截取与抗压试验

11.4.1 截取混凝土抗压芯样试件应符合下列规定：

1 当桩长小于 10m 时，每孔应取 2 组芯样；当桩长在 10～30m 时，每孔应取 3 组芯样；当桩长大于 30m 时，每孔不应少于 4 组芯样。

2 上部芯样位置距桩顶设计高程不宜大于 1 倍桩径或 2.0m，需接桩时，则距开孔高程不宜大于 1 倍桩径或 2.0m；下部芯样位置距桩底不宜大于 1 倍桩径或 2.0m，中间芯样宜等间距截取。

3 缺陷位置取样时，每个缺陷位置应截取 1 组芯样进行混凝土抗压强度试验。

4 当同一根基桩的钻芯孔数大于 1 孔，其中 1 孔在某深度存在缺陷时，应在其他孔的该深度处截取芯样进行抗压强度试验。

5 每组芯样应制作 3 个抗压强度试件。

条文说明

以概率论为基础，用可靠性指标度量基桩的可靠度是比较科学的评判基桩强度的方法，即在钻孔取芯法被检桩的芯样中截取一批芯样试件进行抗压强度试验，采用统计分析方法判断混凝土强度是否满足设计要求。但在实际应用中存在难度，一是基桩施工的特殊情况，评判单根被检桩的混凝土强度比评判整个基桩工程的混凝土强度更合理；二是混凝土桩需作为受力构件考虑，薄弱部位的强度（结构承载力）能否满足使用要求，直接关系到结构安全。综合多种因素考虑，规定按上中下截取芯样试件的原则，同时对缺陷和多孔取样做了规定。

11.4.2 当桩端持力层为中、微风化岩层且岩芯可制作成试件、设计文件要求验证持力层岩芯强度时，应在接近桩底部位截取 1 组岩石芯样。遇岩性分层时，宜分层取样。

条文说明

为保证岩石的原始性质，选取的岩石及时封样，避免芯样受损。

11.4.3 锯切后的芯样，当不能满足平整度和垂直度要求时，应按下列方法进行端面加工：

1 在磨平机上磨平。

2 用水泥砂浆（水泥净浆）或硫黄胶泥等材料在专用补平装置上补平。补平层应与芯样结合牢固，受压时补平层与芯样的结合面不得提前破坏。

条文说明

芯样在加工过程中，由于受加工机械、加工人员等外在因素的影响，芯样断面的平整度和垂直度有时不能满足抗压试验的要求，需采用专门的机具磨平或补平。补平的厚度对强度有一定的影响，补平层越薄，对强度影响越小。

11.4.4 进行抗压强度试验前，应对芯样几何尺寸进行测量，并应符合下列规定：

1 平均直径：用游标卡尺测量芯样中部，在相互垂直的两个位置上，取其两次测量的算术平均值，精确至0.5mm。

2 芯样高度：用游标卡尺进行测量，精确至0.5mm。

3 垂直度：用游标量角器测量两个端面与母线的夹角，精确至0.1°。

4 平整度：用钢板尺或角尺紧靠在芯样端面上，转动钢板尺，同时用塞尺测量与芯样端面间的缝隙。

11.4.5 芯样尺寸偏差及外观质量应符合下列规定：

1 加工后的芯样，高度应为（0.95～1.05）d（d为芯样平均直径）。

2 沿芯样高度任一直径与平均直径相差应小于2mm。

3 芯样端面平整度的允许偏差可为±0.1mm。

4 芯样端面与轴线垂直度的允许偏差可为±2.0°。

5 试件不得有裂缝或其他较大缺陷，且不得含有纵向钢筋。

6 芯样试件平均直径宜大于3倍表观混凝土粗集料最大粒径，最低不应小于2倍。

条文说明

11.4.4、11.4.5 芯样试件的直径、高度、垂直度、平整度均会对抗压强度试验结果产生影响，进行抗压强度试验之前，对芯样几何尺寸进行测量，符合相应精度和偏差范围的方能进行抗压强度试验。

为了避免再对芯样试件高径比进行修正，规定有效芯样试件的高度在（0.95～1.05）d（d为芯样平均直径）。

为了避免芯样试件强度离散性偏大，观察芯样侧面的情况，要求所选芯样试件不能有裂缝或有其他较大缺陷，芯样试件内不得含有钢筋；同时尽量确保芯样试件平均直径大于3倍表观混凝土集料最大粒径。

11.4.6 芯样试件制作完毕后，宜在20℃±5℃的清水中浸泡40～48h，从水中取出芯样试件后，应按现行《公路工程水泥及水泥混凝土试验规程》（JTG E30）的有关规定及时进行抗压强度试验。

条文说明

公路工程基桩所处环境复杂，芯样试件抗压状态理论上根据所处环境决定，但操作不便。规定要求芯样试件宜浸泡在20℃ ±5℃的清水中40 ~48h，主要是为了使芯样试件中的含水率达到饱和，是从最不利角度考虑芯样试件抗压强度性能，从而确保安全。芯样试件抗压强度试验对压力机和承压板的精度要求和试验步骤与圆柱体标准试件相同，按现行《公路工程水泥及水泥混凝土试验规程》（JTG E30）中圆柱体试件抗压强度试验的有关规定执行。

11.4.7 抗压强度试验后，当发现芯样试件平均直径小于2倍试件内混凝土粗集料最大粒径时，该试件的强度值不得参与统计平均。

条文说明

芯样试件的强度值不等于在施工现场取样、成型、同条件养护试块的抗压强度，也不等于标准养护28d的试块抗压强度。当排除龄期和养护条件差异时，尽管普遍认同芯样强度低于立方体试块强度，尤其在桩身混凝土中钻芯更是如此，但目前还不能采用一个统一的折算系数来反映芯样强度和立方体强度的差异。从安全角度考虑，本规程不采用一个折算系数来对芯样强度进行提高修正。有条件的地区可进行相关试验，提出地方折算系数。

11.4.8 混凝土芯样试件抗压强度应按式（11.4.8）计算：

$$f_{cc} = 4 \times \frac{P}{\pi d^2} \tag{11.4.8}$$

式中：f_{cc}——混凝土芯样试件抗压强度（MPa），精确至0.1MPa；

P——芯样试件抗压强度试验测得的极限荷载（N）；

d——芯样试件的平均直径（mm）。

11.4.9 桩底岩芯取样及岩芯单轴抗压强度试验可按现行《公路桥涵地基与基础设计规范》（JTG 3363）、《公路工程岩石试验规程》（JTG E41）的规定执行。

11.5 检测数据分析与评判

11.5.1 被检桩混凝土芯样抗压强度代表值应按下列规定执行：

1 取一组3块芯样试件抗压强度平均值作为该组混凝土芯样试件抗压强度的代表值。

2 同一根被检桩同一深度范围有2组或2组以上混凝土芯样试件抗压强度代表值时，取其平均值作为该深度处混凝土芯样试件抗压强度代表值。

3　取被检桩不同深度位置的混凝土芯样试件抗压强度代表值中的最小值作为该桩混凝土芯样试件抗压强度代表值。

条文说明

在桩身受力过程中，桩身承载力受最薄弱位置部位的混凝土强度控制。因此，取被检桩中不同深度位置的混凝土芯样试件抗压强度代表值中的最小值作为该桩混凝土芯样试件抗压强度代表值符合桩基实际情况。

11.5.2　桩端岩土性状应根据芯样特征、岩芯单轴抗压强度试验值来综合评判。

条文说明

桩端岩土性状的描述、判定由工程地质专业人员参与，并符合现行《公路工程地质勘察规范》（JTG C20）的有关规定。

11.5.3　桩身完整性类别应根据钻芯孔数、现场混凝土芯样特征、芯样试件抗压强度试验结果，按表11.5.3的规定进行评判。

表11.5.3　桩身完整性评判

类别	特征		
	1孔	2孔	3孔
Ⅰ	混凝土芯样连续、完整、胶结好、表面光滑、集料分布均匀、呈长柱状、断口吻合		
	芯样表面偶见少量气孔	局部芯样表面有蜂窝麻面、沟槽、少量气孔，但在2孔的同一深度部位的芯样中未同时出现，否则应判为Ⅱ类	局部芯样表面有蜂窝麻面、沟槽、少量气孔，但在3孔的同一深度部位的芯样中未同时出现，否则应判为Ⅱ类
Ⅱ	混凝土芯样连续、完整、胶结较好、呈长短柱状、断口基本吻合。有下列情况之一：		
	（1）局部芯样侧面有蜂窝麻面、沟槽或较多气孔； （2）局部芯样集料分布不均匀、芯样侧面蜂窝麻面严重或沟槽连续；但对应部位的混凝土芯样试件抗压强度代表值满足设计要求，否则应判为Ⅲ类	（1）芯样侧面有较多气孔，连续的蜂窝麻面、沟槽或局部混凝土芯样集料分布不均匀，但在2孔的同一深度部位的芯样中未同时出现； （2）芯样侧面有较多气孔，连续的蜂窝麻面、沟槽或局部混凝土芯样集料分布不均匀，且在2孔的同一深度部位的芯样中同时出现，但该深度部位的混凝土芯样试件抗压强度代表值满足设计要求，否则应判为Ⅲ类；	（1）芯样侧面有较多气孔，连续的蜂窝麻面、沟槽或局部混凝土芯样集料分布不均匀，但在3孔的同一深度部位的芯样中未同时出现； （2）芯样侧面有较多气孔，连续的蜂窝麻面、沟槽或局部混凝土芯样集料分布不均匀，且在3孔的同一深度部位的芯样中同时出现，但该深度部位的混凝土芯样试件抗压强度代表值满足设计要求，否则应判为Ⅲ类；

表 11.5.3（续）

类别	特征		
	1孔	2孔	3孔
Ⅱ		（3）任1孔局部混凝土芯样破碎段长度不大于100mm，破碎段处于桩身下部，且另1孔在同一深度部位的混凝土芯样完整性类别为Ⅰ类或Ⅱ类，否则应判为Ⅲ类或Ⅳ类	（3）任1孔局部混凝土芯样破碎段长度不大于100mm，破碎段处于桩身下部，且另2孔在同一深度部位的混凝土芯样完整性类别为Ⅰ类或Ⅱ类，否则应判为Ⅲ类或Ⅳ类
Ⅲ	大部分混凝土芯样胶结较好，芯样不连续完整、多呈短柱状或块状，无松散、夹泥现象。有下列情况之一：		
	局部混凝土芯样破碎且破碎长度不大于100mm	任1孔局部混凝土芯样破碎段长度大于100mm但不大于200mm，且另1孔在同一深度部位的混凝土芯样完整性类别为Ⅰ类或Ⅱ类，否则应判为Ⅳ类	（1）任1孔局部混凝土芯样破碎段长度大于100mm但不大于300mm，且另2孔在同一深度部位的混凝土芯样完整性类别为Ⅰ类或Ⅱ类，否则应判为Ⅳ类； （2）任1孔局部混凝土芯样松散段长度不大于100mm，且另外2孔的同一深度部位的混凝土芯样完整性类别为Ⅰ类或Ⅱ类，否则应判为Ⅳ类
Ⅳ	有下列情况之一：		
	（1）因混凝土胶结质量差而难以钻进； （2）混凝土芯样任一段松散或夹泥； （3）局部混凝土芯样破碎长度大于100mm	（1）任1孔因混凝土胶结质量差而难以钻进； （2）混凝土芯样任一段松散或夹泥； （3）任1孔局部混凝土芯样破碎长度大于200mm； （4）2孔在同一深度部位的混凝土芯样破碎	（1）任1孔因混凝土胶结质量差而难以钻进； （2）混凝土芯样任一段夹泥或松散段长度大于100mm； （3）任1孔局部混凝土芯样破碎长度大于300mm； （4）其中2孔在同一深度部位的混凝土芯样破碎、夹泥或松散

注：如上一缺陷的底部位置高程与下一缺陷的顶部位置高程高差小于30cm，则定为两缺陷处于同一深度部位。

条文说明

按芯样特征进行桩身完整性类别的确定和通过芯样试件抗压强度试验判定桩身强度是否满足设计要求在内容上相对独立。但是混凝土在浇筑过程中易出现分层现象，一般截取分层部位的芯样试件进行抗压强度试验。抗压强度满足设计要求的，判为Ⅱ类；抗压强度不满足设计要求或未能制作成芯样试件的，判为Ⅳ类。取芯孔多于3孔的桩身完整性判定参照3孔。除桩身裂隙外，根据芯样描述，不论哪种类型缺陷，都指明或相对表明桩身混凝土局部质量差，即存在低强区这一共性。

11.5.4 检测报告除应符合本规程第3.6节的规定外，尚应包括下列内容：

1 钻芯设备情况；

2 检测桩数、钻孔数量、混凝土芯样进尺、岩芯进尺、总进尺、混凝土芯样试件组数、岩石芯样试件组数等内容；

3 取芯开孔的准确位置布置图，编制每孔的柱状图；

4 芯样单轴抗压强度试验结果；

5 芯样全长照片和缺陷部位的特写照片，并进行相应准确位置说明；

6 异常情况说明；

7 桩身完整性类别评判。

附录A 基桩内力测试

A.0.1 基桩内力测试可用于混凝土预制桩、钢桩、组合型桩，也可用于桩身断面尺寸基本恒定或已知的混凝土灌注桩。

A.0.2 对竖向抗压静载试验桩，可得到桩侧各土层的分层抗压摩阻力和桩端支承力；对竖向抗拔静载试验桩，可得到桩侧土的分层抗拔摩阻力；对水平静载试验桩，可求得桩身弯矩分布，最大弯矩位置等；对打入式预制混凝土桩和钢桩，可得到沉桩过程中桩身各部位的锤击压应力、锤击拉应力。

A.0.3 基桩内力测试宜根据测试目的及要求、试验桩型及施工工艺等选用电阻应变式传感器、振弦式传感器、光纤式应变传感器或滑动测微计。

A.0.4 传感器设置位置及数量宜符合下列规定：

1 传感器宜放在两种不同性质土层的界面处，以测量桩在不同土层中的分层摩阻力。在地面处（或以上）应设置一个测量断面作为传感器标定断面。传感器埋设断面距桩顶和桩底的距离不宜小于1倍桩径。

2 在同一断面处可对称设置2～4个传感器，当桩径较大或试验要求较高时应取高值。

A.0.5 传感器可视下列情况采用不同安装方法：

1 对钢桩可采用下列两种方法之一：

1）将电阻应变式传感器用粘贴剂直接粘贴在钢桩的桩身；

2）振弦式和光纤式传感器可采用焊接固定在桩身上。

2 对混凝土预制桩和灌注桩，可采用焊接或绑焊工艺将传感器固定在钢筋笼上；对采用蒸汽养护或高压蒸养的混凝土预制桩，应选用耐高温的电阻应变式传感器、黏结剂和导线。

3 带有接长杆的振弦式传感器宜焊接在主筋上。

A.0.6 电阻应变式传感器及其连接电缆均应有可靠的防潮绝缘防护措施；正式试验前传感器及电缆的系统绝缘电阻不应低于200MΩ。

A. 0. 7 电阻应变测量所用的电阻应变仪宜具有多点自动测量功能，仪器的分辨力应优于或等于 1$\mu\varepsilon$，并有存储和打印功能。

A. 0. 8 振弦式传感器宜按主筋直径大小选择，并采用与之匹配的频率仪进行测量，频率仪的分辨率应优于或等于 1Hz，仪器的可测频率范围应大于桩在最大加载时的频率的 1. 2 倍。使用前应对钢筋计逐个标定，得出压力（拉力）与频率之间的关系。

A. 0. 9 滑动测微计测管的埋设应确保测标同桩身位移协调一致，并保持测标清洁。测管安装宜根据不同桩型采用不同的方法：

1 对钢桩，可通过安装在测管上的测标与钢桩的焊接，并将测管固定在钢桩内壁。

2 对非高温养护的混凝土预制桩，可将测管预埋在预制桩中；混凝土管桩可在沉管后将测管放入中心孔中，用含膨润土的水泥浆充填测管与桩壁间的空隙。

3 对于灌注桩，可在下笼前将测管绑扎在钢筋笼的主筋上，并采取防止钢筋笼扭曲的措施。

A. 0. 10 滑动测微计测试前后，都应进行仪器标定，以获得仪器零点和标定系数。

A. 0. 11 当同时进行桩身位移测量时，桩身内力和位移测试应同步。

A. 0. 12 测试数据整理应符合下列规定：

1 采用应变式传感器测量时，可按式（A. 0. 12-1）、式（A. 0. 12-2）对实测应变值进行导线电阻修正：

采用半桥测量时：

$$\varepsilon = (1 + r/R)\ \varepsilon' \tag{A. 0. 12-1}$$

采用全桥测量时：

$$\varepsilon = (1 + 2r/R)\ \varepsilon' \tag{A. 0. 12-2}$$

式中：ε——应变值；

ε'——修正前的应变值；

r——导线电阻（Ω）；

R——应变计电阻（Ω）。

2 采用弦式钢筋计测量时，应将钢筋计实测频率通过率定系数换算成力值，再计算成与钢筋计断面处混凝土应变相等的钢筋应变量。

3 采用滑动测微计测量时，应按式（A. 0. 12-3）、式（A. 0. 12-4）计算应变值：

$$e = (e' - Z_0)\ K \tag{A. 0. 12-3}$$

$$\varepsilon = e - e_0 \tag{A. 0. 12-4}$$

式中：e——仪器读数修正值；

e'——仪器读数；

Z_0——仪器零点；

K——率定系数；

e_0——初始测试仪器读数修正值。

4 在数据整理过程中，应将零漂大、变化无规律的测点删除，求出同一断面有效测点的应变平均值，并按式（A. 0. 12-5）计算该断面处桩身轴力：

$$Q_i = \varepsilon_i \cdot E_i \cdot A_i \tag{A. 0. 12-5}$$

式中：Q_i——桩身第 i 断面处轴力（kN）；

ε_i——第 i 断面处应变平均值；

E_i——第 i 断面处桩身材料弹性模量（kPa）；当桩身断面、配筋一致时，宜按标定断面处的应力与应变的比值确定；

A_i——第 i 断面处桩身截面面积（m^2）。

5 应按每级试验荷载下桩身不同断面处的轴力值制成表格，并绘制轴力分布图，再由桩顶极限荷载下对应的各断面轴力值计算桩侧土的分层极限摩阻力和极限端阻力见式（A. 0. 12-6）、式（A. 0. 12-7）：

$$q_{si} = \frac{Q_i - Q_{i+1}}{u l_i} \tag{A. 0. 12-6}$$

$$q_p = Q_n / A_0 \tag{A. 0. 12-7}$$

式中：q_{si}——桩第 i 断面与 $i+1$ 断面间侧摩阻力（kPa）；

q_p——桩的端阻力（kPa）；

i——桩检测断面顺序号，$i = 1, 2, \cdots, n$，并自桩顶以下从小到大排列；

u——桩身周长（m）；

l_i——第 i 断面与第 $i+1$ 断面之间的桩长（m）；

Q_n——桩端的轴力（kN）；

A_0——桩端面积（m^2）。

6 桩身第 i 断面处的钢筋应力可按式（A. 0. 12-8）计算：

$$\sigma_{si} = E_s \cdot \varepsilon_{si} \tag{A. 0. 12-8}$$

式中：σ_{si}——桩身第 i 断面处的钢筋应力（kPa）；

E_s——钢筋弹性模量（kPa）；

ε_{si}——桩身第 i 断面处的钢筋应变。

附录 B 混凝土桩的桩头加固处理

B. 0. 1 加固前应先凿除桩顶部的浮浆和破碎混凝土，凿除范围以顶部露出新鲜混凝土为准。

B. 0. 2 桩头主筋应全部直通至桩顶混凝土保护层之下，且所有主筋应位于同一高程。

B. 0. 3 制作桩帽时，在桩顶下 1. 5 倍桩径范围内设置加强箍筋，间距宜小于 100mm；桩顶下 400 ~700mm 范围内应铺设 3 ~5 层钢筋网片，间距 60 ~100mm，桩顶钢筋网片保护层厚度为 50mm，并宜在距桩顶 1. 5 倍桩径范围用 3 ~5mm 钢板围裹。

B. 0. 4 接桩时钢筋的接头焊缝应连续饱满。

B. 0. 5 浇筑前应做好两次浇筑搭接面处接桩措施，采用比桩身高 1 ~2 个强度等级的混凝土制作桩帽。

B. 0. 6 处理后的被检桩桩顶应平整，桩头中轴线与桩身中轴线应重合。

B. 0. 7 测点处的截面尺寸应与原桩身截面尺寸相同。

B. 0. 8 接完桩头后应进行养护，达到本规程第 B. 0. 5 条规定的强度后方可进行检测。

附录 C　静载试验记录表

表 C-1　单桩竖向静载试验检测记录表

检测单位名称：　　　　　　　　　　　　　　　　　　　　　　　　　　　记录编号：

<table>
<tr><td colspan="2">工程名称</td><td colspan="2"></td><td colspan="2">委托/任务编号</td><td colspan="2"></td><td colspan="2">样品名称</td><td colspan="2"></td></tr>
<tr><td colspan="2">桩　　号</td><td colspan="2"></td><td colspan="2">试验依据</td><td colspan="2"></td><td colspan="2">试验日期</td><td colspan="2"></td></tr>
<tr><td colspan="4">主要仪器设备及编号</td><td colspan="8"></td></tr>
<tr><td rowspan="2">加载级</td><td rowspan="2">油压（MPa）</td><td rowspan="2">荷载（kN）</td><td rowspan="2">观测时间</td><td colspan="5">位移计（百分表）读数（mm）</td><td rowspan="2">本级沉降（mm）</td><td rowspan="2">累计沉降（mm）</td><td rowspan="2">备注</td></tr>
<tr><td>1 号</td><td>2 号</td><td>3 号</td><td>4 号</td><td>平均值</td></tr>
<tr><td></td><td></td><td></td><td></td><td></td><td></td><td></td><td></td><td></td><td></td><td></td><td></td></tr>
<tr><td></td><td></td><td></td><td></td><td></td><td></td><td></td><td></td><td></td><td></td><td></td><td></td></tr>
<tr><td></td><td></td><td></td><td></td><td></td><td></td><td></td><td></td><td></td><td></td><td></td><td></td></tr>
<tr><td></td><td></td><td></td><td></td><td></td><td></td><td></td><td></td><td></td><td></td><td></td><td></td></tr>
<tr><td></td><td></td><td></td><td></td><td></td><td></td><td></td><td></td><td></td><td></td><td></td><td></td></tr>
<tr><td></td><td></td><td></td><td></td><td></td><td></td><td></td><td></td><td></td><td></td><td></td><td></td></tr>
</table>

检测：　　　　　　　　　　　复核：　　　　　　　　　　　复核日期：

表 C-2　单桩水平静载试验检测记录表

检测单位名称：　　　　　　　　　　　　　　　　　　　　　　　　　　　记录编号：

<table>
<tr><td colspan="3">工程名称</td><td colspan="3"></td><td colspan="4">委托/任务编号</td><td colspan="4"></td><td colspan="3">样品名称</td><td colspan="4"></td></tr>
<tr><td colspan="3">桩　　号</td><td colspan="3"></td><td colspan="4">试验依据</td><td colspan="4"></td><td colspan="3">试验日期</td><td colspan="4"></td></tr>
<tr><td colspan="3">上、下表平均距离</td><td colspan="3"></td><td colspan="8">主要仪器设备及编号</td><td colspan="7"></td></tr>
<tr><td rowspan="2">油压（MPa）</td><td rowspan="2">荷载（kN）</td><td rowspan="2">观测时间</td><td rowspan="2">循环数</td><td colspan="6">加载</td><td colspan="6">卸载</td><td colspan="2">水平位移（mm）</td><td rowspan="2">加载上、下表读数差</td><td rowspan="2">转角</td><td rowspan="2">备注</td></tr>
<tr><td>上表 1</td><td>上表 2</td><td>上表均值</td><td>下表 1</td><td>下表 2</td><td>下表均值</td><td>上表 1</td><td>上表 2</td><td>上表均值</td><td>下表 1</td><td>下表 2</td><td>下表均值</td><td>加载</td><td>卸载</td></tr>
<tr><td></td><td></td><td></td><td></td><td></td><td></td><td></td><td></td><td></td><td></td><td></td><td></td><td></td><td></td><td></td><td></td><td></td><td></td><td></td><td></td><td></td></tr>
<tr><td></td><td></td><td></td><td></td><td></td><td></td><td></td><td></td><td></td><td></td><td></td><td></td><td></td><td></td><td></td><td></td><td></td><td></td><td></td><td></td><td></td></tr>
<tr><td></td><td></td><td></td><td></td><td></td><td></td><td></td><td></td><td></td><td></td><td></td><td></td><td></td><td></td><td></td><td></td><td></td><td></td><td></td><td></td><td></td></tr>
<tr><td></td><td></td><td></td><td></td><td></td><td></td><td></td><td></td><td></td><td></td><td></td><td></td><td></td><td></td><td></td><td></td><td></td><td></td><td></td><td></td><td></td></tr>
</table>

检测：　　　　　　　　　　　复核：　　　　　　　　　　　复核日期：

附录 D 钻孔取芯法检测记录表

表 D-1 钻孔取芯法检测现场记录表

检测单位名称： 记录编号：

<table>
<tr><td colspan="3">工程名称</td><td colspan="2"></td><td>委托/任务编号</td><td></td><td>样品名称</td><td></td></tr>
<tr><td colspan="3">桩号/钻芯孔号</td><td colspan="2"></td><td>试验依据</td><td></td><td>试验日期</td><td></td></tr>
<tr><td colspan="5">主要仪器设备及编号</td><td colspan="4"></td></tr>
<tr><td colspan="2">桩号</td><td></td><td colspan="2">桩径（mm）</td><td></td><td>强度等级</td><td colspan="2"></td></tr>
<tr><td colspan="2">桩顶高程</td><td></td><td colspan="2">孔号</td><td></td><td></td><td colspan="2"></td></tr>
<tr><td colspan="2">时间</td><td colspan="3">钻进（m）</td><td rowspan="2">芯样编号</td><td rowspan="2">芯样长度（m）</td><td rowspan="2">芯样取芯率</td><td rowspan="2">芯样描述及异常情况</td></tr>
<tr><td>自</td><td>至</td><td>自</td><td>至</td><td>长度</td></tr>
<tr><td></td><td></td><td></td><td></td><td></td><td></td><td></td><td></td><td></td></tr>
<tr><td></td><td></td><td></td><td></td><td></td><td></td><td></td><td></td><td></td></tr>
<tr><td></td><td></td><td></td><td></td><td></td><td></td><td></td><td></td><td></td></tr>
<tr><td></td><td></td><td></td><td></td><td></td><td></td><td></td><td></td><td></td></tr>
<tr><td></td><td></td><td></td><td></td><td></td><td></td><td></td><td></td><td></td></tr>
</table>

机长： 记录： 复核： 复核日期：

表 D-2 钻孔取芯法检测芯样编录表

检测单位名称： 记录编号：

<table>
<tr><td>工程名称</td><td colspan="2"></td><td colspan="2">试验日期</td><td colspan="2"></td></tr>
<tr><td>桩号/钻芯孔号</td><td></td><td>桩径（mm）</td><td></td><td colspan="2">混凝土设计强度等级</td><td></td></tr>
<tr><td>项目</td><td>分段（层）
深度（m）</td><td colspan="3">芯样描述</td><td>取样编号
取样深度</td><td>备注</td></tr>
<tr><td>桩身混凝土</td><td></td><td colspan="3">钻进深度，芯样连续性、完整性、胶结情况、表面光滑情况、断口吻合程度、芯样是否为柱状、集料大小分布情况，以及气孔、空洞、蜂窝麻面、沟槽、破碎、夹泥、松散的情况</td><td></td><td></td></tr>
<tr><td>桩底沉淀</td><td></td><td colspan="3">桩端混凝土与持力层接触情况、沉淀厚度</td><td></td><td></td></tr>
<tr><td>持力层</td><td></td><td colspan="3">持力层钻进深度，岩性、颜色、结构构造、裂隙发育程度、坚硬及风化程度；分层岩层应分层描述</td><td>（强风化岩层或土层时的动力触探或标准贯入试验结果）</td><td></td></tr>
</table>

检测： 复核： 复核日期：

本规程用词用语说明

1　本规程执行严格程度的用词，采用下列写法：

1）表示很严格，非这样做不可的用词，正面词采用“必须”，反面词采用“严禁”；

2）表示严格，在正常情况下均应这样做的用词，正面词采用“应”，反面词采用“不应”或“不得”；

3）表示允许稍有选择，在条件许可时首先应这样做的用词，正面词采用“宜”，反面词采用“不宜”；

4）表示有选择，在一定条件下可以这样做的用词，采用“可”。

2　引用标准的用语采用下列写法：

1）在标准总则中表述与相关标准的关系时，采用“除应符合本规程的规定外，尚应符合国家和行业现行有关标准的规定”。

2）在标准条文及其他规定中，当引用的标准为国家标准和行业标准时，表述为“应符合《××××××》（×××）的有关规定”。

3）当引用本标准中的其他规定时，表述为“应符合本规程第×章的有关规定”、“应符合本规程第×.×节的有关规定”、“应符合本规程第×.×.×条的有关规定”或“应按本规程第×.×.×条的有关规定执行”。

公路工程现行标准规范一览表

（2021 年 1 月）

序号	类别		编　　号	书名（书号）	定价（元）
1			JTG 1001—2017	公路工程标准体系（14300）	20.00
2			JTG A02—2013	公路工程行业标准制修订管理导则（10544）	15.00
3			JTG A04—2013	公路工程标准编写导则（10538）	20.00
4			JTG B01—2014	公路工程技术标准（活页夹版，11814）	98.00
5			JTG B01—2014	公路工程技术标准（平装版，11829）	68.00
6			JTG 2111—2019	小交通量农村公路工程技术标准（15372）	50.00
7			JTG 2120—2020	公路工程结构可靠性设计统一标准（16532）	50.00
8			JTG B02—2013	公路工程抗震规范（11120）	45.00
9	基础		JTG/T 2231-01—2020	公路桥梁抗震设计规范（16483）	80.00
10			JTG 2232—2019	公路隧道抗震设计规范（16131）	60.00
11			JTG B03—2006	公路建设项目环境影响评价规范（13373）	40.00
12			JTG B04—2010	公路环境保护设计规范（08473）	28.00
13			JTG B05—2015	公路项目安全性评价规范（12806）	45.00
14			JTG B05-01—2013	公路护栏安全性能评价标准（10992）	30.00
15			JTG/T 2340—2020	公路工程节能规范（16115）	30.00
16			JTG/T 3310—2019	公路工程混凝土结构耐久性设计规范（15635）	50.00
17			JTG/T 6303.1—2017	收费公路移动支付技术规范　第一册　停车移动支付（14380）	20.00
18			JTG B10-01—2014	公路电子不停车收费联网运营和服务规范（11566）	30.00
19			JTG C10—2007	公路勘测规范（06570）	40.00
20			JTG/T C10—2007	公路勘测细则（06572）	42.00
21			JTG C20—2011	公路工程地质勘察规范（09507）	65.00
22	勘测		JTG/T C21-01—2005	公路工程地质遥感勘察规范（0839）	17.00
23			JTG/T C21-02—2014	公路工程卫星图像测绘技术规程（11540）	25.00
24			JTG/T 3222—2020	公路工程物探规程（16831）	60.00
25			JTG C30—2015	公路工程水文勘测设计规范（12063）	70.00
26			JTG D20—2017	公路路线设计规范（14301）	80.00
27			JTG/T D21—2014	公路立体交叉设计细则（11761）	60.00
28			JTG D30—2015	公路路基设计规范（12147）	98.00
29			JTG/T D31—2008	沙漠地区公路设计与施工指南（1206）	32.00
30			JTG/T D31-02—2013	公路软土地基路堤设计与施工技术细则（10449）	40.00
31			JTG/T D31-03—2011	采空区公路设计与施工技术细则（09181）	40.00
32			JTG/T D31-04—2012	多年冻土地区公路设计与施工技术细则（10260）	40.00
33		公路	JTG/T D31-05—2017	黄土地区公路路基设计与施工技术规范（13994）	50.00
34			JTG/T D31-06—2017	季节性冻土地区公路设计与施工技术规范（13981）	45.00
35			JTG/T D32—2012	公路土工合成材料应用技术规范（09908）	50.00
36			JTG/T 3334—2018	公路滑坡防治设计规范（15178）	55.00
37			JTG D40—2011	公路水泥混凝土路面设计规范（09463）	40.00
38			JTG D50—2017	公路沥青路面设计规范（13760）	50.00
39			JTG/T 3350-03—2020	排水沥青路面设计与施工技术规范（16651）	50.00
40			JTG/T D33—2012	公路排水设计规范（10337）	40.00
41			JTG D60—2015	公路桥涵设计通用规范（12506）	40.00
42			JTG/T 3360-01—2018	公路桥梁抗风设计规范（15231）	75.00
43			JTG/T 3360-02—2020	公路桥梁抗撞设计规范（16435）	40.00
44	设计		JTG/T 3360-03—2018	公路桥梁景观设计规范（14540）	40.00
45			JTG D61—2005	公路圬工桥涵设计规范（13355）	30.00
46			JTG 3362—2018	公路钢筋混凝土及预应力混凝土桥涵设计规范（14951）	90.00
47			JTG 3363—2019	公路桥涵地基与基础设计规范（16223）	90.00
48			JTG D64—2015	公路钢结构桥梁设计规范（12507）	80.00
49			JTG D64-01—2015	公路钢混组合桥梁设计与施工规范（12682）	45.00
50		桥隧	JTG/T 3364-02—2019	公路钢桥面铺装设计与施工技术规范（15637）	50.00
51			JTG/T 3365-01—2020	公路斜拉桥设计规范（16365）	50.00
52			JTG/T 3365-02—2020	公路涵洞设计规范（16583）	50.00
53			JTG/T D65-05—2015	公路悬索桥设计规范（12674）	55.00
54			JTG/T D65-06—2015	公路钢管混凝土拱桥设计规范（12514）	40.00
55			JTG 3370.1—2018	公路隧道设计规范　第一册　土建工程（14639）	110.00
56			JTG/T D70—2010	公路隧道设计细则（08478）	66.00
57			JTG D70/2—2014	公路隧道设计规范　第二册　交通工程与附属设施（11543）	50.00
58			JTG/T D70/2-01—2014	公路隧道照明设计细则（11541）	35.00
59			JTG/T D70/2-02—2014	公路隧道通风设计细则（11546）	70.00
60			JTG/T 3374—2020	公路瓦斯隧道设计与施工技术规范（16141）	60.00
61		交通工程	JTG D80—2006	高速公路交通工程及沿线设施设计通用规范（0998）	25.00
62			JTG D81—2017	公路交通安全设施设计规范（14395）	60.00

续上表

序号	类别		编　　号	书名(书号)	定价(元)
63	设计	交通工程	JTG/T D81—2017	公路交通安全设施设计细则(14396)	90.00
64			JTG/T 3381-02—2020	公路限速标志设计规范(16696)	40.00
65			JTG D82—2009	公路交通标志和标线设置规范(07947)	116.00
66			JTG/T 3383-01—2020	公路通信及电力管道设计规范(16686)	40.00
67		综合	交办公路〔2017〕167 号	国家公路网交通标志调整工作技术指南(14379)	80.00
68			交公路发〔2007〕358 号	公路工程基本建设项目设计文件编制办法(06746)	26.00
69			交公路发〔2015〕69 号	公路工程特殊结构桥梁项目设计文件编制办法(12455)	30.00
70	检测		JTG E20—2011	公路工程沥青及沥青混合料试验规程(09468)	106.00
71			JTG 3420—2020	公路工程水泥及水泥混凝土试验规程(16989)	100.00
72			JTG 3430—2020	公路土工试验规程(16828)	120.00
73			JTG E41—2005	公路工程岩石试验规程(13351)	30.00
74			JTG E42—2005	公路工程集料试验规程(13353)	50.00
75			JTG E50—2006	公路工程土工合成材料试验规程(13398)	40.00
76			JTG E51—2009	公路工程无机结合料稳定材料试验规程(08046)	60.00
77			JTG 3450—2019	公路路基路面现场测试规程(15830)	90.00
78			JTG/T E61—2014	公路路面技术状况自动化检测规程(11830)	25.00
79			JTG/T 3512—2020	公路工程基桩检测技术规程(16482)	60.00
80	施工	公路	JTG/T 3610—2019	公路路基施工技术规范(15769)	80.00
81			JTG/T F20—2015	公路路面基层施工技术细则(12367)	45.00
82			JTG/T F30—2014	公路水泥混凝土路面施工技术细则(11244)	60.00
83			JTG/T F31—2014	公路水泥混凝土路面再生利用技术细则(11360)	30.00
84			JTG F40—2004	公路沥青路面施工技术规范(05328)	50.00
85			JTG/T 5521—2019	公路沥青路面再生技术规范(15839)	60.00
86		桥隧	JTG/T 3650—2020	公路桥涵施工技术规范(16434)	125.00
87			JTG/T 3650-02—2019	特大跨径公路桥梁施工测量规范(15634)	80.00
88			JTG/T 3660—2020	公路隧道施工技术规范(16488)	100.00
89		交通	JTG F71—2006	公路交通安全设施施工技术规范(13397)	30.00
90			JTG/T F72—2011	公路隧道交通工程与附属设施施工技术规范(09509)	35.00
91	质检安全		JTG F80/1—2017	公路工程质量检验评定标准　第一册　土建工程(14472)	90.00
92			JTG 2182—2020	公路工程质量检验评定标准　第二册　机电工程(16987)	60.00
93			JTG G10—2016	公路工程施工监理规范(13275)	40.00
94			JTG F90—2015	公路工程施工安全技术规范(12138)	68.00
95	养护管理		JTG H10—2009	公路养护技术规范(08071)	60.00
96			JTJ 073.1—2001	公路水泥混凝土路面养护技术规范(13658)	20.00
97			JTG H11—2004	公路桥涵养护规范(05025)	40.00
98			JTG H12—2015	公路隧道养护技术规范(12062)	60.00
99			JTG 5142—2019	公路沥青路面养护技术规范(15612)	60.00
100			JTG 5150—2020	公路路基养护技术规范(16596)	40.00
101			JTG/T 5190—2019	农村公路养护技术规范(15430)	30.00
102			JTG 5210—2018	公路技术状况评定标准(15202)	40.00
103			JTG 5220—2020	公路养护工程质量检验评定标准　第一册　土建工程(16795)	80.00
104			JTG 5421—2018	公路沥青路面养护设计规范(15201)	40.00
105			JTG/T H21—2011	公路桥梁技术状况评定标准(09324)	46.00
106			JTG H30—2015	公路养护安全作业规程(12234)	90.00
107			JTG 5610—2020	公路养护预算编制导则(16733)	50.00
108			JTG/T 5612—2020	公路桥梁养护工程预算定额(16855)	50.00
109			JTG/T 5640—2020	农村公路养护预算编制办法(16302)	70.00
110	加固设计与施工		JTG/T J21—2011	公路桥梁承载能力检测评定规程(09480)	20.00
111			JTG/T J21-01—2015	公路桥梁荷载试验规程(12751)	40.00
112			JTG/T J22—2008	公路桥梁加固设计规范(07380)	52.00
113			JTG/T J23—2008	公路桥梁加固施工技术规范(07378)	40.00
114			JTG/T 5440—2018	公路隧道加固技术规范	70.00
115	改扩建		JTG/T L11—2014	高速公路改扩建设计细则(11998)	45.00
116			JTG/T L80—2014	高速公路改扩建交通工程及沿线设施设计细则(11999)	30.00
117	造价		JTG 3810—2017	公路工程建设项目造价文件管理导则(14473)	50.00
118			JTG/T 3811—2020	公路工程施工定额测定与编制规程(16083)	60.00
119			JTG/T 3812—2020	公路工程建设项目造价数据标准(16836)	100.00
120			JTG 3820—2018	公路工程建设项目投资估算编制办法(14362)	60.00
121			JTG/T 3821—2018	公路工程估算指标(14363)	120.00
122			JTG 3830—2018	公路工程建设项目概算预算编制办法(14364)	60.00
123			JTG/T 3831—2018	公路工程概算定额(14365)	270.00
124			JTG/T 3832—2018	公路工程预算定额(14366)	300.00
125			JTG/T 3833—2018	公路工程机械台班费用定额(14367)	50.00
126			JTG/T M72-01—2017	公路隧道养护工程预算定额(14189)	60.00

注:JTG——公路工程行业标准体系;JTG/T——公路工程行业推荐性标准体系。批发业务电话:010-59757973;零售业务电话:010-85285659(北京);网上书店电话:010-59757908;业务咨询电话:010-85285922,85285930。